改革开放进程中的经济学家学术自传

张卓元　高培勇　主编

黄达学术自传

黄达◎著

ACADEMIC AUTOBIOGRAPHY OF HUANG DA

SPM
南方出版传媒
广东经济出版社
·广州·

图书在版编目（CIP）数据

黄达学术自传 / 黄达著. —广州：广东经济出版社，2020. 1（2021. 6重印）
（改革开放进程中的经济学家学术自传）
ISBN 978-7-5454-6838-0

Ⅰ. ①黄… Ⅱ. ①黄… Ⅲ. ①中国经济—经济改革—文集 Ⅳ. ①F121-53

中国版本图书馆CIP数据核字（2019）第225211号

出 版 人：李 鹏
责任编辑：毛一飞
责任技编：陆俊帆

黄达学术自传
HUANG DA XUESHU ZIZHUAN
黄达 著

出版发行	广东经济出版社（广州市环市东路水荫路11号11-12楼）
经销	全国新华书店
印刷	恒美印务（广州）有限公司（广州市南沙济技术开发区环市大道南路334号）
开本	730毫米×1000毫米 1/16
印张	12. 5
字数	130千字
版次	2020年1月第1版
印次	2021年6月第2次
书号	ISBN 978-7-5454-6838-0
定价	80. 00元

广东经济出版社网址：http://www.gebook.com 微博：http://e.weibo.com/gebook
图书营销中心地址：广州市环市东路水荫路11号11楼
电话：（020）87393830 邮政编码：510075
如发现印装质量问题，影响阅读，请与承印厂联系调换
广东经济出版社常年法律顾问：胡志海律师

《改革开放进程中的经济学家学术自传》丛书

编辑委员会

《改革开放进程中的经济学家学术自传》丛书分册名录

（按姓氏音序排列）

1.《白重恩学术自传》
2.《蔡昉学术自传》
3.《常修泽学术自传》
4.《陈东琪学术自传》
5.《陈锡文学术自传》
6.《迟福林学术自传》
7.《樊纲学术自传》
8.《范恒山学术自传》
9.《房维中学术自传》
10.《高培勇学术自传》
11.《高尚全学术自传》
12.《郭克莎学术自传》
13.《洪银兴学术自传》
14.《黄达学术自传》
15.《黄群慧学术自传》
16.《贾康学术自传》
17.《江小涓学术自传》
18.《金碚学术自传》
19.《李实学术自传》
20.《李晓西学术自传》
21.《厉以宁学术自传》
22.《林兆木学术自传》
23.《刘诗白学术自传》
24.《刘世锦学术自传》
25.《刘树成学术自传》
26.《刘伟学术自传》
27.《马建堂学术自传》
28.《彭森学术自传》
29.《宋晓梧学术自传》
30.《田国强学术自传》
31.《王梦奎学术自传》
32.《王一鸣学术自传》
33.《魏杰学术自传》
34.《魏礼群学术自传》
35.《乌家培学术自传》
36.《吴敬琏学术自传》
37.《杨瑞龙学术自传》
38.《张军学术自传》
39.《张军扩学术自传》
40.《张晓山学术自传》
41.《张燕生学术自传》
42.《张宇燕学术自传》
43.《张卓元学术自传》
44.《赵人伟学术自传》
45.《郑新立学术自传》
46.《周叔莲学术自传》

总　序

Preface

盛世出华章。中国的改革开放是一场波澜壮阔、前无古人的伟大社会变革，也将是世界经济发展史上的瑰丽篇章。中国经济学家在这场伟大变革中，或贡献了智力，或参与了实践，无论是参政建言还是学术构建，均厥功甚伟。

在我们先后迎来改革开放40周年和中华人民共和国成立70周年之际，为了记录并彰显中国经济学家的历史贡献，为中国特色社会主义事业进一步发挥智慧的力量和作用，同时借以勉励后学筑梦前行，我们组织并编辑了这套《改革开放进程中的经济学家学术自传》丛书。

这套丛书的出版设想，最初由广东经济出版社提出。在此之前，得力于中国社会科学院经济研究所张卓元教授等的大力支持，该社曾于2009年编辑出版《影响新中国60年经济建设的100位经济学家》丛书。那套丛书产生了良好的社会反响，也获得了较高的学术评价。弹指一挥间，又是一个十年，共和国迎来了70华诞，改革开放也逾40周年。在这样一个特殊的背景下，广东经济出版社邀请张卓元教授和高培勇教授领衔，由《经济研究》编辑部具体负责，组织、编辑一套集中反映改革开放进程中的经济学家学术探索和心路历程的丛书。

认识到这是一件颇具眼光、很有意义的事情，于是，便有了读者眼前这套《改革开放进程中的经济学家学术自传》丛书编辑出版工作的启动。

中国经济改革与发展的伟大实践，为中国经济学家的成长提供了肥沃的土壤。要从这些灿若繁星的经济学家中推选出大家比较公认的富有影响力的经济学家，并不容易。怎样推选？推选多少？具体标准是什么？如何约稿？丛书的体例又该如何把握？这一系列相关问题接二连三地提至我们面前。

为此，在初步拟订编辑出版方案的基础上，由张卓元教授和高培勇教授主持，邀请部分专家召开了小范围的论证会议，就组建丛书编辑委员会以及丛书编辑出版的一系列相关问题听取意见，进一步完善方案。

紧跟着，2017年6月25日，丛书编辑委员会会议在北京举行。出席会议的委员共有19位（按姓氏音序排列）：白重恩、常修泽、陈东琪、陈锡文、迟福林、高培勇、郭克莎、黄群慧、金碚、李晓西、刘伟、彭森、宋晓梧、田国强、魏礼群、吴敬琏、张军扩、张燕生、张卓元。因故请假、提供书面意见的委员有10位（按姓氏音序排列）：蔡昉、曹远征、贾康、李实、李扬、厉以宁、林毅夫、刘世锦、钱颖一、张军。

这次编辑委员会会议就如下一些重要问题形成了高度共识：

第一，关于丛书的意义。委员们高度认可丛书的编辑出版工作，认为这是一项富有重要历史和现实意义的出版工程。

第二，关于丛书入选者的标准和数量。委员们认为应本着宁缺毋滥、质量为先原则，以对改革开放事业的某个特定领域做出实质性贡献或产生实质性影响的经济学家为重点，入选者宜掌握在60位左右。

第三，关于丛书的体例。基于凸显学术价值和史料价值的考虑，委员们认为学术自传宜涵盖作者的学术成长历程、作者对改革开放事业某个特定领域的研究成果和学术贡献、作者对特定领域改革前景的展望等方面内容。

第四，关于丛书的读者对象。委员们认为应主要面向青年学者以及学生，谈人生经验、述理想情怀，激励广大青年学者和学生确立奋斗的目标、发展的方向和成功的路径。

第五，关于丛书的文风。委员们主张学术自传应具有较强的理论性、学术性，同时文笔流畅、深入浅出，具有一定的可读性。

在经过充分讨论形成的候选经济学家名单基础上，与会委员按照获得半数以上多数票入选的规则，以无记名投票方式表决确定了65位入选者。

会议还决定，请因故请假的委员继续对候选经济学家名单通讯投票，并根据此项流程的统计结果，提请全体编辑委员会委员再进行一次通讯评审，最终确定丛书入选者为68位。

由此产生的《改革开放进程中的经济学家学术自传》丛书入选作者为（按姓氏音序排列）：白重恩、蔡昉、曹远征、常修泽、陈东琪、陈清泰、陈锡文、迟福林、樊纲、范恒山、房维中、高培勇、高尚全、郭克莎、郭树清、韩俊、洪银兴、华生、黄达、黄群慧、贾康、江小涓、金碚、李剑阁、李京文、李实、李晓西、李扬、厉以宁、林毅夫、林兆木、刘国光、刘鹤、刘诗白、刘世锦、刘树成、刘伟、隆国强、楼继伟、马建堂、彭森、钱颖一、宋晓梧、田国强、王梦奎、王一鸣、魏杰、魏礼群、乌家培、吴敬琏、吴晓灵、杨启先、杨瑞龙、易纲、余永定、张军、张军扩、张维迎、张晓山、张燕生、张宇燕、张卓元、赵人伟、郑新立、周其仁、周叔莲、周小川、朱玲。

在确定入选者名单之后，《经济研究》编辑部立即展开了组稿工作，共有46位入选者接受约稿。在这一过程中，入选的经济学家或其家属、秘书、好友等，对我们的工作给予了热情的支持，在百忙之中积极准备所需要的文献，其认真精神令人感动。应该说，没有他们的积极响应和大力支持，这套丛书是难以按时按质完成的。

由于入选的经济学家大多是名人、忙人，有一部分老作者也已年届九十高龄，约稿的工作量及其难度可想而知。一些作者提出暂不能写作，这多少令我们感到些许遗憾。其间也有许多感人的情景要告诉读者们：常修泽先生于2018年夏天在吉林延边的一个小镇闭门两三个月专事自传写作，在整个写作过程中数十次与编辑部和出版社沟通，包括内容完善、结构设计和一些合理性建议等诸多细节，并且在约定期限内交稿给编辑部；九十五岁高龄的黄达教授在写作过程中十余次通过电话或电子邮件与编辑部讨论写作重点和风格；乌家培、林兆木、王梦奎等老先生也是不厌其烦，反复就文字沟通润色；周叔莲先生在去世前一周还给编辑部打电话，告诉编辑自己已经基本完成了书稿的写作，并详细介绍了自己的写作过程和感想，我们至今忆此仍为之动容。在这些难得的沟通中，我们一次次被感动。

随着此套丛书的陆续编辑出版，我们越来越强烈地体会到了这项工作的意义和价值：

入选这套丛书的作者，系改革开放进程中的经济学家，他们的知名度较高，社会影响较大。这套自传体丛书，是对他们的代表性研究成果、学术贡献、成长历程及人格魅力的一个集中展示。对于广大读者特别是青年学子来说，这无疑是一个难得的学习、了解我国经济理论和现实问题的机会。

这些经济学家在各自的学术领域都是佼佼者或领军者，他们学术素养深厚、学术成就卓越。他们在自传中大多以第一人称娓娓道来，讲述了自己的家国情怀与学术成长经历，为记录我国改革开放历程留下了第一手资料。从经济史和思想史的角度看，这应该是非常有史料价值的研究文献。

众多大家的纸上风华，既映射出中国改革开放40多年取得的巨大成就，也是对中国改革与发展经验比较系统的总结。正如习近平总书记所指出的："从我国改革发展的实践中挖掘新材料、发现新问题、提出新观点、构建新理论，加强对改革开放和社会主义现代化建设实践经验的系统总结，加强对发展社会主义市场经济、民主政治、先进文化、和谐社会、生态文明以及党的执政能力建设等领域的分析研究，加强对党中央治国理政新理念新思想新战略的研究阐释，提炼出有学理性的新理论，概括出有规律性的新实践。这是构建中国特色哲学社会科学的着力点、着重点。"应该说，本套丛书的作者们用生动而精彩的人生与学术追求，践行了这一重要要求。

这套丛书的编辑出版与《经济研究》编辑部各位同仁的努力也是分不开的。他们通过电话、短信和邮件等方式不断地与作者或其家人、秘书等进行沟通。参加组稿和审稿工作的人员有：郑红亮、刘霞辉、张永山、唐寿宁、王利娜、谢谦、金成武、孙三百、陈小亮、欧宏、王红梅、刘莹、曹帅。

广东经济出版社的领导和编辑在本丛书的出版过程中也做了大量的工作，正是有了他们的努力，这套丛书才能得以顺利与读者见面。

特别值得一提的是，这样一套组织工作浩繁的大型丛书，见证了《经济研究》编辑部与广东经济出版社值得称道的团队合作精神。编辑部的张永山、王红梅同志和广东经济出版社的编辑团队从始至终为丛书的组织沟通、约稿、文稿整理付出了大量的心血，他们的耐心和一丝不苟的敬业精神令人称道。

这套丛书就此付梓了，回望中国改革开放的辉煌岁月，携手丛书作者对祖国的拳拳心路与期待，我们略感欣慰！但由于时间仓促，加之我们的水平有限，书中的不足和错误之处在所难免，敬请广大读者批评指正。

《改革开放进程中的经济学家学术自传》丛书编辑委员会

2019年10月

黄达

1925年2月22日出生于天津。1943年天津市立第一中学高中毕业，1946年5月考入华北联合大学法政学院财经系，1946—1947期间攻读华北联合大学政治学院研究室研究生学位，1950年秋季学期开始从事教师工作至今。1979年被评为教授，1981年被国务院学位委员会批准为第一批博士生导师，2009年被中国人民大学聘任为一级教授。

现任或曾任：中国人民大学校长，第八届全国人民代表大会代表，财政经济委员会委员，国务院学位委员会第二届、第三届委员，经济学学科评议组邀请成员、召集人，应用经济学学科评议组召集人，全国哲学社会科学研究基金“八五”规划经济学学科规划小组成员和部门经济学学科评审组召集人，“九五”规划应用经济学学科规划小组和学科评审组成员，中国人民银行货币政策委员会第一届专家委员，中国证券监督管理委员会股票发行审核委员会第四届、第五届委员，全国博士后管理委员会经济学学科评议组召集人，国家教委人文社会科学研究专家咨询委员会主任委员，教育部社会科学委员会顾问，北京市高等学校教师职务系列高级职称评审委员会委员、主任委员，中国社会科学院经济研究所、财贸物资经济研究所学术委员，孙冶方经济科学奖励基金委员会评奖委员会委员，中国金融学会理事、常务理事、副会长、会长、名誉会长，中国财政学会常务理事、副会长，中国国际金融学会常务理事、副会长，中国价格学会常务理事、副会长，中国企业联合会顾问，中国证券业协会副会长，中国马克思主义研究基金会常务理事，中国政策科学研究会副会长，中国国际交流协会理事，中美经济学教育交流委员会主席，中韩友好协会副会长。

曾荣获刘鸿儒金融教育基金会首届“中国金融学科终身成就奖”、中国经济理论创新奖（财政信贷综合平衡理论）、吴玉章人文社会科学终身成就奖（第三届）。

目录

壹

进入学术领域之前

我是1950年走上中国人民大学金融教学工作岗位的。如果讲述自己的“学术生涯”，这是一个自然的起点。

不过，这是组织安排的结果。教书，我从小就没有这个志愿；学经济，在我开始懂得选择人生道路时更是全然不感兴趣。至于终身徜徉于学术领域，应该说从来没有想过。未承想，从那时以来，六十八年，一直没有走出组织给自己划定的这个圈圈！

虽然如此硬生生地开篇，但就结果看，自己觉得并未完全虚度。之所以能够如此，或许有必要从自己孩童时期的成长环境开始回想。

一 好好读书的观念根深蒂固

我出生在天津，我家是天津几百年的老住户。

我的一世祖，是随朱元璋在安徽起义的一名士兵，后来被划归明成祖麾下并随明成祖夺下了他侄子的皇位。虽然战功累累，但可能是文化水平不高、组织能力不强之类的原因，到头来只得个“总旗”（大概相当于排长级别，至高也高不过连长级别）的待遇。他的儿子、孙子，也就是我的二世祖、三世祖，倒是当了大将军名衔的官，得到世袭的待遇，并驻守天津卫，于是定居天津。由于朝代更迭，繁衍在天津的黄氏一族当不成明朝的世袭官爵了，作为大清的子民，大多是“世业儒”。我就是出身于“世业儒”的士人家庭，也就是知识分子家庭。

生长在这样的家庭环境中，我从小所受到的熏陶有两点：好好读书；安身立命之道应是本本分分地做人。所谓“本本分分地做人”，我小时候的理解就是：不要妄想攀龙附凤，做大官，当富商大贾；能做到衣食不愁，与人不争，就是本分。而要想能够守本分，靠的就是读书。把书读好，是一辈子属于自己而旁人想夺也夺不去的本钱。

我小的时候，父亲、叔父常年在外地工作，祖母、母亲不识字，婶母识字不多，家里并没有人天天说教。而且小门小户的家，没有几本藏书，没有书香门第的气派，更没有成文的家训。只是好好读书的观念在这样的家庭里根深蒂固，极其自然。也就是生长在这样的环境之中，我早早就养成了能够安心读书的习惯。

能够安心读书，使自己易于融入学术环境而找到安身立命之路。

二 父亲教我三项基础本领，终身受益

在我四岁到七岁（1929—1932年）时，跟随母亲到父亲工作的河北磁县一个煤矿（即后来的峰峰煤矿）的所在地生活。矿区，前不靠村，后不着店，是父亲教我小学的启蒙课程。

父亲是天津北洋工学院的毕业生。家里人和亲戚都说他有学问，为人正派。但他平时很严肃，我很怕他。

我开始能够记事的时候，他已经常年不在天津。只是在

矿区的这三年，我与他在一起生活。这三年，他也只是每天在上班前用一小时教我。他下班回家，有时我都睡下了。他中午有时回家吃饭，但不经常。1932年我和母亲回到天津，又常年见不到他了。

不过，这短短三年，父亲除了教我识字，学加减乘除和背九九歌之外，还有三项“基本功”使我终身受益。回想自己能在学术领域生存，不能不庆幸是因为打好了最基础的根底。

一是中国方块字的“笔顺”。认生字，父亲都要讲这个字的笔顺；写生字，他都严格监督我按笔顺书写。慢慢地，我也就掌握了规律。这使自己写出来的字比较规范，不仅自己容易记牢，旁人也容易识别。后来慢慢体会到，中国的方块字是要“写”出来，而不是“画”出来的。当然，从甲骨文到钟鼎，再到小篆，好像画的成分还是比较多的。不过后来就都是“写”的了。写，自己体会，能写出华夏文字的韵味和灵性，更能在书写过程中孕育、激发自己的情感。近二十多年，写作基本都用计算机输入，极少提笔书写了。但有几十年的写字底子，我好像对方块字的亲切感依然如故。弄不清楚，现在的小孩子写字的工夫越来越少了，通过经年累月的“写”来感悟方块字魅力的锻炼过程越来越短了，这样的缺憾，是否会由其他的途径得到弥补呢？

二是注音符号和拼音。拼音识字，自古以来叫“反切”，是文人的基本功。但在反切里，声母是一个中文字，用者要从这个字分辨出它所代表的声母；韵母也是一个中文字，用者要从这个字分辨出它所代表的韵母；然后声母、韵母相拼，以确定目标字的读音。但这种要家学底子厚，资质特别聪慧的人才能掌握，小孩子极难掌握。我父亲应该会反切，因为他懂得拼音的要领。但是他跳过了反切，直接教我注音符号和拼音。注音符号那时刚刚面世没有几年，现在台湾依然使用。这个体系是一个符号代表一个读音，明确无误。用注音符号和拼音识字，小孩极易掌握。父亲非常重视这一基本技能，极其严格地督促我学习它、掌握它。记得韵母中有一个“幺（读ao）”，在连读中，我会读、会写，单独提出来，总也记不准它应该读什么。反复多次，父亲发怒了，让我独自在一间屋里，把这个“幺”大声读一百遍。当时自己觉得很委屈，读着读着，就边哭边读了。后来，两位姐姐总用这件事打趣我，说我是在学猫叫。不过，注音符号和拼音，我学得确实比较扎实。中华人民共和国成立后推广汉语拼音时，由于我有注音符号的底子，自然而然地就掌握了。我的同龄人，不少没有学过注音符号，往往难以突破汉语拼音关，以致后来在计算机汉字输入上遇到了“拦路虎”。

三是查字典。那时小学生用的字典已经都采用了注音符号。读音没有问题了，难处在于熟悉“部首”。那时的部首基本是延用《康熙字典》的部首分类。今天字典的部首主要是根据“形”，而古典的部首设计，不仅根据形，似乎还根据字的原来含义。比如“珏”字是指合在一起的两块玉。它的“王”字偏旁，在文字的构成中实际是省略了一个“、”的“玉”字。这个部首，那时称为“窄玉”“斜玉”，查这个部首要在五画中而不是在四画中寻找。类似的例子还有很多。学时虽然费力，但这对于理解中国的方块字应该说是基本功。我在这方面的基本功，好像到中学乃至以后的岁月中也还在继续充实。比如，后来我又自学了有关汉字构成的“六书”；也有时翻阅《说文解字》，了解部首演化的源流。由于不是小时候学的，根底不牢。但就是这样的底子，也有助于提高自己阅读古籍的能力，并在查阅古代“类书”方面有了一把基本的钥匙。

三　解“四则”文字题，也许是小学阶段打下自己一生多少有些分析能力的根底

我是1932年暑假插班进入当时的天津私立第一小学的，那时我七岁半。这所小学，在天津颇有名气。

那时，父亲已经教了我小学三年级的语文和算术。如果插班进三年级并没有什么困难。可是父亲考虑还是让我把底子打得充实些，决定让我进二年级。以至于小学的五年，我都能专注学习，考试成绩一直名列前茅。

小学的收获是多方面的。总的来说，当然是打文化的底子。除了这个外，现在想想，大的方面，比如对“中华民族”观念的确立，对我来说，应属关键阶段。那时，正是“九一八”国难刚刚发生后的抗日战争前期，全社会都在呼唤“救亡图存”。在小学里，不只校长训话讲，所有的老师，不论教什么课的老师，都讲五千年的古国文明，讲鸦片战争，讲八国联军，讲甲午战争，讲辛亥革命，讲五族共和，讲中华民族，讲形同桑叶的国土怎样被帝国主义列强蚕食、瓜分等。正是小学的老师，发自肺腑地想要把刚刚形成

的“中华民族”（在我的上一代，这还是一个新名词）观念根植于我们这些小学生的心灵之中。在我的潜意识里，“民族”的分量，始终是最沉甸甸的。

再如，在我小学即将毕业的阶段，有幸参加了1937年天津春季的“祭孔”大典。那时，天津是特别市，后来的抗日名将张自忠将军任市长，担任祭孔的主祭。我们这个年级（也许还有下一年级）组成大典里吹奏古乐的乐队和羽籥舞、干戚舞的舞蹈班子。司仪赞礼也由我们班的同学担任。在整个大典进行中，我们一直站在大成殿前面的高台上，见识了整个过程。祭典自始至终的肃穆氛围，同学们高亢的礼赞“举迎神乐，奏德和之章”与我们“大哉孔子，至圣先师，与天地参，万世之师”的沉缓庄严的合唱，给我心灵的震撼，恍如发生在昨日。

从小的方面说，那时有许多具体知识、技能的启蒙。比如，当年在童子军的活动里所学到的“结绳法”，今天我还会应用在日常生活中；比如那时的手工课，其中有一课是用蜡做玩具，这一课使得我后来听铸造青铜器的“失蜡法”，很容易听懂。

如此等等，好像说也说不完。如果要求提炼出在小学阶段，对于我一生的学术生涯最为重要的贡献，想来想去，是算术里“四则”文字题的解题能力。

对算术的学习，从小一直比较重视，但我最大的收获，在于对四则文字题的解题产生了兴趣。四则文字题，如鸡兔同笼、父子年龄、距离速度等，要是不允许借助代数方法（20世纪30年代，升入初中才开代数课），那只有通过逻辑推理才能列出算式，算出答案。记得当时的小学生，面对文字的四则题都很头痛。不少同学突破不了推理分析关，就只能靠死记硬背几种解题模式来应对考试。我已经记不清自己是通过怎样的具体过程，突破了这道难关；而且在突破之后，还产生了浓厚兴趣，往往自己找难题来推敲，来破解。小学毕业后，也一直有这样的爱好。比如“韩信点兵”这道古老的难题是在我上中学之后接触到的，它有一套解题歌诀，我并没有满足于照歌诀解题，而是力图弄清楚古人进行分析推理的过程。再有一个例子，大约是中学毕业后，我在公园散步，有个人出了一个题目：两个杯子，一个盛的是水，一个盛的是酒，水与酒的体积相同；用一个勺，从盛水的杯子里舀出满满一勺水，倒进盛酒的杯子，搅匀，然后从杯子里舀出满满一勺掺了水的酒，倒回盛着水的杯子，搅匀。于是，一个杯子里是掺了水的酒，一个杯子里是掺了酒的水。问：是原来盛酒的杯子里的酒里含的水多，还是原来盛水的杯子里的水里含的酒多？已经全然回忆不起那时分析、推理的具体过程了，只记得得出了正确答案：无论从哪一杯开始，酒里含的水与水里含的酒都一样多。

一个人的分析推理能力、逻辑思维能力，恐怕是自小及老，通过许许多多途径日积月累，逐步培养起来的。而且大多是在自己并非自觉的过程中自然而然地累积、升华。但四则文字题的解题对于领悟分析、推理的魅力，对于养成喜欢分析、推理的习惯，我却是一直明确地感觉到此间的因果联系。我没有规规矩矩学过逻辑学，在这方面也没有受过高明人士的指点，追忆逻辑思维能力的培养，好像也就只能从小学算术找到起始点。

四　高中三年，在良好的教学传统中受到熏陶

我的中学六年，可以鲜明地分成两段：初中阶段和高中阶段。

1937年夏到1939年夏，初中的一、二年级，我是在天津志达中学度过的。随后的半年，由于父亲和祖母逝世等原因，我的生活被打乱了，这也造成了我的失学。我于1940年上半年，到汇文中学，重读初中二年级的下学期；1940年夏，跳级，考入当时天津市立第一中学高中一年级；1943年夏，在这个学校高中毕业。

实际上初中我只读到初中二年级的第三个年头，在这期间，总的说来，我夹着书包去学校，夹着书包回家转，不属于学习成绩差的行列，也不是用功的学生，随大流，没有明显的长进和收获。而在天津市立第一中学读高中的这三年，我一直认为是我人生关键的三年。能够在学术领域耕耘、进取，没有这三年的学习是不可想象的。

我在1993年写的一篇短文《自述》[①]里，明确分析了高中这三年对于自己一生的意义；在2017年出版的《忆旧纪年》一书里有较大篇幅的记述。现在从几十年学术生涯的角度回顾，觉得高中的这三年，确实值得总结。

细雨润无声，学习风气的熏陶也许是最值得肯定的。

这所中学，天津人一直称之为“铃铛阁中学”。它还有一个名字——“官立中”，也很响亮。

① 《自述》引自《黄达文集》，中国人民大学出版社，1999年。

它是在1900年之后兴办的。校歌里有两句："劫灰余地尚荆蓁，是我校之生存。"

原来的校址是稽古阁书院，处于天津城的西北角之外。稽古阁书院有"藏经"楼，八国联军侵华战争时期被焚毁；稽古阁有铃铛，大概原来就俗称铃铛阁。我曾看见过校史陈列室里有几个古老的铃铛。

这所中学，长期是男生中学，以管理严格闻名。在我入校学习前后，学生一律剃光头。

更使我感受深刻的是这所学校的学习氛围。相对于我上过的志达中学、汇文中学，这里全然是另一番天地。好像周围有一股无形的力量，无处不在，推动自己有了自觉吸吮知识的内在动力。

首先是舆论。天津人公认这是一所教师认真教书、学生认真读书的学校。考上这所中学，亲戚都向我祝贺。家里人也很高兴，太出乎他们的意料，我不只是跳了一个年级，而且是进了他们不敢期望的好学校。其实，我的父亲就是在这所学校毕业的，我的一位叔父（中华人民共和国成立后曾长期在卫生部任副部长）也毕业于这所中学。在我小学毕业时，上哪所中学曾有两个选择：一是南开中学，另一个就是这所学校。只是我姐姐坚持南开更新一点，才没有选择这所学校。后来，由于我初中的学习过于平常，家里的人认为我已经失去了进入这所学校的条件。现在进了这么有名的学校，好像不用功学习，自己也觉得说不过去了。

其次是学校的环境。校门坐南向北，一进校门就看到一横排两层楼的灰砖楼房，中间是过厅，穿过过厅，可以看到在内侧有回廊。在横排楼房的东西两端是相连接的两排同样形式的楼房。楼的基座很高，到第一层，也要上好几级台阶。与过厅相连的有一条甬道，甬道的尽头有间大厅，当时是教员休息室。楼是西式的，平实无华，古朴端庄。由于是多年的建筑，因此处处透露出岁月的沧桑。但其整洁清静，有一种难以用言语形容的庄严肃穆氛围。“书院”这个词，我是早就知道的，但总没有具体的感觉。现在进入与稽古阁书院一脉相承的学校了，给我的第一印象，传承知识的书院应该就是这个样子。从初中就在这所学校读书的同学经常指点给我看，哪里是展览室，哪里是试验室，哪里是图书馆；对于迎着进门甬道的塑像，他们告诉我，这是老校长马千里，在天津极有名望……好像校园处处都在提醒学生记住要好好读书。

再次是教师。教师的教龄大多很长，不少人在天津的中学教育界颇有名气。衣着多是中式布料长衫，讲究一些的是绸料、呢料，着西装革履的极其个别。上课铃响，就会看到老师们立即从教员休息室鱼贯出来走向各个教室。教师在课堂上展现的敬业精神，那是我在初中两所中学的课堂上不常看到的。在志达中学、汇文中学，一些教师在课堂上往往显露出在战争环境下彷徨、焦躁的情绪，常常心不在焉，并且不时缺课。而在这里，只要进入课堂，教师都是兢兢业业地一心教书，好像外界的干扰都被排除在外。

最后是同学。同学绝大多数来自收入偏低的市民家庭。少数家庭经济条件好的，也都是剃光头、穿制服，没有攀比摆阔气的现象。同学间打打闹闹，课堂上调皮，与其他学校没有什么区别。但是在这里，用功学习，在学生中间是自然而然、理所当然的。而在志达中学、汇文中学，用功读书，往往会受到一些同学的嘲讽。

到处弥散着的用功读书气氛，使我不知不觉地改变了初中时期一度养成的懒散、不求上进的心态。自小深深在心里扎下根的好好读书的意识，又重新成为主宰：要用心学习，要当好学生，要通过好好读书，考大学，掌握生存的本领。

五　在数学和语文方面打下的底子是使自己能够在学术领域终其一生的更为直接的本钱

在短文《自述》里，我讲述了在高中阶段使我终生难忘的三位老师；在《忆旧纪年》里更细致地对这三位老师进行了追忆。这里只想再说说他们的教学对我后来的深远影响。

先说数学。

高中一年级的数学是三角、对数、立体几何。教课的是石老师。他不在我要讲的三位老师之列，可是说到数学，觉得也应提及。那时石老师可能是刚上讲堂，缺乏经验，课堂秩序极乱。但我觉得他的“三角”一课讲得还算清楚。他教的对数，使我掌握了处理数字的工具，受益良多。我在“文化大革命”后期写的《工农产品比价剪刀差》①，全书从头到尾都是统计数据。那时，没有计算机，没有电子计算器，对于这些数字的整理，除了手摇计算器和算盘，主要是靠对数表。我在使用对数表的间隙，总会不由得想起这位石老师。

① 实际出书是1990年，由中国社会科学出版社出版。

我要讲的三位老师中的第一位，是高二、高三两学年教数学的杨学涵先生。高二他教的是大代数，教本用的是美国的《范氏大代数》；高三他教的是解析几何，用的是什么教本我记不得了。

杨老师讲课的态度十分认真，道理交代得清楚明白。有时他觉得没讲清楚，常常是自己莞尔一笑，再重讲。对于学生的作业（数学的作业量是很大的）他都认真批阅。同学们都对他十分敬重，调皮的同学在他的课堂上也都是规规矩矩地听讲。在《自述》的短文里，我是这样回忆杨先生的："风骨清介，治学严谨，令人肃然起敬。"

他在两个学年里教的内容，我弄懂了，记牢了；他留的作业我全部按时、按量完成。在他的印象里，我属于成绩突出的学生。当时，我自己也觉得在数学方面，考大学有十足的把握。可惜，高中毕业的那年我没有考大学，没有能实地得到检验。

由于他的数学课，我从小学培养起来的对数学的兴趣进一步增强了。在没能考大学之后的日子里我还是经常找些数学的书籍阅读。

1946年进入解放区，我随即考入华北联合大学。在那天天激荡于解放战争政治大潮的岁月里，除了加减乘除之外，好像高深一点的数学真无用武之地了。只是在1947年年底我参加土地改革的时候，高中打下的数学根底，意料之外，倒是派上了用场。

我参加土地改革，曾被调往正定县的东上泽村，主持制定土地分配方案。制定这样的方案是要和村里的贫农团天天打交道的。这个村的贫农团请了两三位当地的“秀才”帮助工作。他们三十岁上下，衣着整洁，文质彬彬的，听说是当地的教师。我到村后不久，他们就借机会，拐弯抹角地“考”我——看看“大学”来的干部到底是个什么水平。如向我“请教”一些四则文字题和代数、几何题等。正是因为有高中数学的功底，他们并没有难倒我。虽然这对于土地分配方案的制定没有什么意义，但在他们的印象里，大学来的土改工作组成员有学问，增强了他们对工作组的信任感，无疑有利于推动工作。

1950年，我进入货币银行学教学领域，最初几年，用的至多的是初等代数的知识，高中所学的大代数和解析几何还派不上用场。但对数量关系的敏感度的确有利于掌握经济基础知识。比如，学习《资本论》里关于流通中货币量的知识，我不仅较快地学懂了，还有了自己的体会。后面将会具体谈到。进入20世纪60年代，高教部门曾组织陈岱孙、高鸿业等曾经在西方游学的教授编写西方经济学的教材。那是几本薄薄的小册子，我得到时非常兴奋——可以开始探索现代西方经济学的奥秘了。可是我翻开没几页，立即发现，要读懂，那需要微积分的知识。也就是说，我在高中所学的数学知识，即使学得好，也差着一个大大的台阶，全然不够用。

不久，“文化大革命”猛然袭来，尔后我被下放到“五七干校”。中国人民大学的“五七干校”在江西余江县，就是毛主席诗篇《送瘟神》提到的地方。在“五七干校”里，虽然政治运动不断，体力劳动繁重，但也有少许小自由的空间。如在两周可以休息一天的时候我会跑到鹰潭镇上逛逛。镇上有书店，知识分子逛书店也是改不掉的癖好。

那时，由于种种禁忌，书店里的书籍品种极少，除“红宝书”之外，只有些与政治距离较远的数学和自然科学的小册子。在“文化大革命”期间买几本这样的书，休息时在自己的床头翻翻，倒不会受到干预。其间，我买了几本有关计算机基础知识的书，如二进位、逻辑电路、编程基础等，似懂非懂，在那20世纪六七十年代之交，也悟不出计算机是个什么样子。我也买了几本有关数学的书。记得有本介绍微积分的，看了看，觉得没有老师引领，是难以入门的。

改革开放后，开始引进西方经济学。王传纶教授主持翻译美国的教材*The Economics of Money and Banking*（［美］L. V. Chandler，S. M. Goldfeld）。他安排我翻译书中的第16、第17两章。翻译到IS-LM模型时，由于有中学解析几何的底子，没有全然摸不着头脑的困惑。但对于这个模型的推导，我原来的底子明显不够用。解决短板，迫在眉睫。

之后不久，我下决心随着本科的高等数学课堂，规规矩矩从头到尾地上了课并参加了考试。是赵淑媛老师的课，她对我鼓励颇多。

总算敲开了高等数学的门。能够入门，端赖有高中数学的底子。每每想到这里，不由得想起高中的数学老师，特别是杨学涵先生。

只是五十多岁之后学高等数学，学来的总像是“外挂程序”，不能自然而然地运用。实际上，在补课之后，我能运用的，还是代数和解析的工具。但无论如何，这样的补课，对我继续探索经济学的知识以及与中外同行进行学术交流，确是极有帮助的。

再说语文。

高中一年级的语文老师是王荫浓先生。在《忆旧纪年》里我是这样介绍他的：

他讲的内容，主要是诗、词、曲这三部分，还上溯涉及楚辞、汉赋，下及明清小说。对于唐诗、宋词、元曲，我过去都知道一些，有些还能背诵，但都是孤立地记诵、欣赏。而在王荫浓老师这里，他都是从整体讲述，给出全貌。

比如诗，他是从古诗十九首讲起，讲到唐诗，讲到唐诗的发展、演变，讲到宋诗，也还讲到诗歌缘起这样的理论问题，等等。这就把过去自己零零星星记住几首唐诗的知识提到一个全然不同的高度。

对于词，他讲得更多。后来看到王国维先生的《人间词话》，觉得并不陌生。显然，王荫浓先生讲词的时候，已经把王国维先生那一代的研究成就传授给了我们。

对于王荫浓先生，在《自述》的短文中，我曾这样概括："引领学生游历古往今来的文学园地，为我们理解中华民族的文化精髓开启了一条通道。"距离写这句话，又过去二十多年了。年事愈来愈高，愈来愈体验到，对于领悟自己民族文化精髓要有"通道"。文学、文学史就是最主要的通道之一。诗词歌赋，以及种种文学作品，沛然充满着我们生活的天地，从中可以了解我们民族的喜怒哀乐，可以领悟我们民族忠贞不渝的节操、坦荡宽容的胸怀，以及自古及今从不停歇的脉搏跳动。它们点点滴滴进入灵魂，是任何其他说教所不能替代的。但要进入这条通道也需要引领，从这个角度说，王荫浓先生的引领，功莫大焉。

教高二、高三两学年语文的裴学海先生，是我要讲的第三位老师。他在当时的学界，是公认的“小学家”。他的代表作《古书虚字集释》很有名，中华人民共和国成立之后重新印刷出版。我至今还把他的这部传世名著，与《说文解字》等工具书保存在一起。

我们那时都称呼他“裴老夫子”。在《忆旧纪年》里我写了这样一段：

矮墩墩的身材，步履迟缓，行动端庄、持重。在中学生的眼里，他是一位外表守旧、年高德劭的长者。穿着，在当时也属老派，甚至有些土气——肥肥的灰布长衫，样式老旧的布鞋，一年四季好像都是同一个式样。

从外形，从他研究的古文领域，很容易推论他的思想也会是守旧的，会是老学究，老古板。其实不然。两年的授课，讲的都是古文——那时在日本占领下的语文课本，主要选入的大多是古文，但他讲古文，却是从古及今，讲到历朝历代，讲到康梁维新，讲到鲁迅、胡适、新文化运动。当然，在日本铁蹄占领之下，讲课有极多的禁忌，但却总可以绕开禁忌，讲人们对大千世界种种问题的认识。与那些“冬烘”总说古圣先贤怎么高明，后人如何一代不如一代全然不同，裴老夫子总是讲后人较之前人的进步。

裴学海先生关于“进步”的观点，是结合汉文的具体发展讲述的，有根有据，极有说服力，在我的头脑里扎根极深。这不仅使我对于古籍研究形成了质朴、求实的认知思路，而且对于我树立进化的文化发展观也有其重大的意义。

在这样的进步思路下，对于如何进入古文领域，裴老先生帮助我们解决了方法论的问题。他不是系统讲方法论，而是在讲授选文时，针对具体难点，指点同学破解难点的一般方法。在我的记忆里，先生两年的课，无时不在讲读懂古文的方法，但要细数到底讲了哪些，现在却难以具体地说出来了。在写《忆旧纪年》时，只写出他指点的古文用字的假借，叙事的直笔与曲笔，数字表达的虚与实等几个方面，挂一漏万，深感遗憾。年代久远，这个遗憾恐怕总也弥补不上了。

现在回想，我在没有受到先生两年教诲之前，像读《聊斋志异》，只能大体懂得故事情节；像读《搜神记》《唐人传奇》，有时故事情节也不能全然搞清楚。经过老先生的指点，日积月累，不知何时，好像捅破了读古人文字的窗户纸，再读《聊斋志异》，已经能够欣赏蒲松龄既简练而又传神的精妙文采；对于更前朝代的笔记、小说，读来也无大的困难，对于更远古的典籍，好像借助前儒的注释和工具书也有了攻读的能力。

在《自述》一文里，我是这样概括裴老先生的："拆章析句，辨字正源，使我们真正有可能进窥汉语的殿堂。"

不过，中学毕业，告别裴老先生的课堂之后，好多好多年，除了空余时间偶然翻翻古人的笔记小说、诗话之外，一直没有需要进入古文领域的任务。未承想"文化大革命"后期的"批林批孔"运动却使我有机会重新扎进古文堆里，大体有三年之久。

“批林批孔”运动掀起后，要注释法家文献，无论如何，这需要集中一些多少懂得古文的人才。于是我被调进北京经济学院［中国人民大学在“文化大革命”中停办，有几个系（包括财贸系）并入北京经济学院］的评法批儒小组。在这里，领导关心的是如何拿出注释法家文献的成果，拼命钻进古文堆是领导赞赏的工作态度。当然，无效的活动还是会占去部分时间，但对于能安心地攻读古籍来说，这真是千载难逢的机遇。概括地讲，大体有这样一些具体收获：

（1）反复攻读了《盐铁论》。以前，听说过这本书的名字，但好像距离自己甚远，从来没想翻阅。现在，安安心心地读《盐铁论》成了任务。没有想到，刚刚读了几段，就立即被它吸引住了，我深深感到，这真是进入中国古代经济思想和传统理财大政方针的金钥匙。本来是一本对于汉昭帝时期中央政府组织的有关“理财”方针政策大论战的记录，可是它不仅文笔流畅，而且文采华丽，竟然完全可以作为文学作品来欣赏。论战的一方是贤良文学——正确立场的代言人，另一方是主持理财的官方，以桑弘羊为代表。对于桑弘羊，作者桓宽是以“不引准绳，以道化下，放于利末，不师始古”来概括的，显然是应该批判的反面代表。但通读全文，贤良文学讲道德说仁义，立论极高，却总是绕开具体问题，显得空泛无力；而桑弘羊的发言，有理论，有具体，说理充分，逻辑严谨，文辞华美，气势凌厉，纵横捭阖，实际占有上风。从那以后，我一直有个疑问，作者桓宽的真正立场是什么。他是真心拥护当朝正统理论，宣扬贤良文学的正统言论，还是不能不为桑弘羊的使

“巨儒宿学恧然”的表现所折服；或者就是桑弘羊的信徒，在当时的形势下，只能以这样迂回的方式把桑弘羊一派的主张保存下来？不管如何，读《盐铁论》使我跨过了我们民族经济思想殿堂的第一道门槛。

（2）读了《商君书》。商鞅变法，中学的历史课程讲过，在《东周列国志》里，当作故事，也读过。但只有读了《商君书》，才对变法，才对“农战”思想有所理解。在我读过的古籍中，《商君书》朴实无华，不尚铺陈，自成风格。各个篇章，结构严谨，分段、句读，不容犹豫。立论极为简明，论证也极为简明，是就是是，否就是否，不容曲解。我曾参与注释过几篇，也试图自己注释过一两篇。后来没有机会继续探索，有关手稿也均遗失。不过，回想那时，多少钻进这本经典古籍并有所领会之后，好像两千多年前的最强音，依然对自己有着强烈的吸引力。

（3）由于自己已经教了十几年的货币银行学，在这期间，几次想把《管子》通读一遍，但因部头太大，未能实现。读了一些篇章，开始入门，遗憾的是唯独没有机会认真读“轻重”诸篇。后来写教材，也引用了一些《管子》有关货币金融的论述，那大多是根据其他学者的启示零敲碎打查阅的。就是这样，也深深感到《管子》这部著述对货币金融理论的研讨实在是太重要了。关于宏观调控的思想，乃至这些年人们特别感兴趣的预期管理，在这里都可找到渊薮。

（4）结合有关本记、列传，仔细地研读了《史记·平准书》和《史记·货殖列传》，研读了《汉书·食货志》。后来，随着注释历代的法家，对其他朝代的《食货志》有的也翻阅、查阅过。匆匆瞥视，未能深入，深感遗憾。不过，就是通过像对二十四史这样的正史深深浅浅的阅读，以及对《盐铁论》《商君书》《管子》等著述的阅读，自己才对历代王朝管理经济和财政的大政方针以及具体措施有些粗略的了解。古人在不断探索中改进、创造，不少具体措施的确达到了细致入微的境界。在此之前，自己的头脑里好像把这些都归结为统治者从巩固自己的统治出发所进行的笼络和压榨手段，这样的阶级分析即使有道理，但笼统的概念排斥了几千年治国理政所积累的大量宝贵经验，实在浅薄可笑。

（5）由于注释的法家涉及历代，对于早就知道的一些人物也有了再认识。比如像王安石，他推行的变法在中学的历史课里就讲过，但我对变法的内容可以说不甚了了；而且输进头脑的大多是负面评述，如冯梦龙的《警世通言卷四拗相公饮恨半山堂》等。可能印象更深的还是关于他对"春风又绿江南岸"的推敲。这次我不仅对他的变法有了概略的了解，而且通过阅读他的奏章、书信，更有一些新的领会。比如，在《答曾公立书》里，他回答"青苗法"的贷款之所以要收二分息，是因为"有官吏之俸，辇运之费，水旱之逋，鼠雀之耗"，不收二分息，政策则难以为继。对照我们讲利率，基本是一套抽象的道理，而他的这套议论却实而又实，无比生动，远不是我们"利润的分割""时间的价值"能代替的。

总之，这次意料之外的机缘给我在祖国传统文化方面补上了极为必要的一课。说得深入点，是使我在头脑里挂上了一个课题——必须使祖宗的传统理财思想精粹进入自己讲的一套专业理论之中。

六 读闲书，体察大千世界

小的时候，读课外的书，读不属于“圣贤”的书，人们称之为“读闲书”。我开始读闲书，大约在初小高小之间。这么早地读闲书，在亲戚之间也像是新闻，相互传说。

可能最初读的是婶母和大姐买的几本一折书，如《红楼梦》《西游记》之类。一折书是说定价1元钱，实际售价只要1角钱。这是一种用新闻纸印的书，小号铅字，排得密密麻麻，当时流行甚广。家里原有的闲书不多，记得只有《儿女英雄传》等几部石印的书。刚读时，书里有些字或者不认识，或者弄不清文意，便跳过去，能弄清故事的大略情节就继续往下读。有了开端，亲戚朋友也愿意把书借给我，一来二去，于是养成了大量阅读闲书的习惯。

到高中，天津市立第一中学有一个管理得非常好的图书馆，是小而精的知识宝库，使我的阅读上升了一个台阶。同时，街上的租书店铺可以租到种种武侠小说、神魔小说。

这样的阅读持续到进入解放区。我进入解放区之后，除了读毛主席的书和政策文件，偶然的空闲只是读了一些苏联“二战”期间的文学作品。进入教学岗位之后，几乎挤不出空闲时间。只是在1955年、1956年，组织审查我的历史，许多活动我不能参加，时间较为充裕，曾大量补读了以前想读却没有得到阅读机会的世界名著。

概括起来，读的闲书有以下几类。

如《红楼梦》《西游记》《水浒传》，自小是读了很多遍的，不知为什么《三国演义》一直没能安心读进去。

如《搜神记》《唐人传奇》《聊斋志异》这些志异类的笔记、小说，是经常翻阅的，其中《聊斋志异》几乎达到熟读的程度。

元曲，涉猎不全，其中最著名的《牡丹亭》，只是联想起林黛玉听到的“原来姹紫嫣红开遍，似这般都付与断井颓垣”才读的，没有深入下去；倒是《西厢记》温婉凄楚的文辞和《桃花扇》结合民族兴亡的故事情节，使自己激荡的情思许久难以排遣。

演义书，可能是中学阶段，读了《东周列国志》。我对春秋战国历史的了解，主要是来自这本书。从《清宫十三朝》，则是记住了清代的皇帝传承。想不起是什么原因，其他的演义书，间或翻翻，没有读进去。

“三言二拍”，有幸在20世纪40年代就读了其中的大部分。加上鼓词、唱本，使我对于自童年时期就不断听到的民间故事有了较为全面的了解。它们往往是历经好多朝代，不断加工，为平常百姓津津乐道而流传下来的。与高尚的文学著作比较，它们可能更直白地反映着老百姓的喜怒哀乐，凝结着老百姓的希望和心愿。也许可以说，不知道这些故事，就不可能懂得老百姓，就不能全面了解自己民族的历史。

以上如果大体可以归之为传统文化和俗文化，那么当时吸引我的还有代表新文化的作品。最初看的是什么我已记不清了，只记得最早看过《子夜》，也只是当作故事看的，倒是对书中讲到的债券投机印象颇深并且记下了“期货”（很可能是今天的“远期”）这个词。在抗战前夜，在青年中间，读鲁迅的著作可以显示自己的“时髦”，我也读了一些，字倒是都认得，意思却似懂非懂。比较系统地接触新文化作品是在高中。在《忆旧纪年》里，我写了这样一段文字：在高中的图书馆“能够较为系统借阅到新文化运动以来的文学作品。在日本占领下的书肆中，那时已无这样的书籍出售。是否是明令的禁书，那时也不怎么清楚，但都知道传播这样的书有禁忌。所以个人之间，也只能偶然借到一两本。图书馆还能继续借阅，大概是利用当时占领者控制的空子。于是幸运地对这类的著述多少有了一些全视角的接触”。新文化的著作读得多了，使我不能不想想自己今后该走怎样的人生之路。

或许，我花用时间最多的是武侠神魔小说。主要是消磨时间，调节情绪——我自己的感觉，当心情难以排遣的时候，暂时遁入虚幻的世界也可能是必要的。

读中国的闲书不久，也开始读外国的文学作品。

那时，俄国的文学作品传入极多，我读的也最多。《战争与和平》，那是俄国文学的“王冠”，可能是我进入学术领域之后读的，从中收获的主要是托尔斯泰的历史哲学观点。至于在进入学术领域之前，读的有《死魂灵》《罪与罚》之类。我读这些十八、十九世纪的作品时，已经是十月革命推翻了沙皇统治并建立了苏维埃政权之后。这样的背景，无疑会引导我从中领会沙皇统治下农奴制度的腐朽、没落和知识分子的彷徨、无助，我好像也感到革命力量的蕴蓄和爆发的必然性。至于十月革命后的著作在中国也普遍传播。其中有一本《表》，记得是描写苏维埃政权如何救助孤儿的，向往久之。有几本科普读物，如《白与黑》《第一个五年计划的故事》，等等，也使我觉得那里有理想的社会。

英国的文学作品读的也较多。首先是狄更斯的作品。记得最初读的是《双城记》（也许译名是《二城故事》），是魏易翻译的，时间是小学毕业前后。半文半白的译文多次使我读不下去，但诱人的故事情节还是让我坚持了下来。后来又读了《块肉余生记》①等几部著作。也读了其他作者的几本名著，如《简·爱》《傲慢与偏见》，等等。英国人的著作与沙俄时期的作品不同。沙俄时期的作品，压抑的气息往往令人喘不过气来。英国人的著作，也有对落后面的描写，但读起来比较轻快。

关于法国人的著作，最初好像只知道《茶花女》《羊脂球》《红与黑》这一类的作品。后来看到了雨果的《悲惨世界》，甚受震撼。法与情的矛盾写得那样深刻，使我看得不能释手。前两年在景德镇参观县衙古建筑，其间有副对联，讲的是法与情要全面权衡的思路。可以说，这部小说给我种下了一生求解的大论题。

德国的小说，《少年维特之烦恼》在中国青年里极为流行。不过它的影响似乎主要是在比我大几岁的大哥哥、大姐姐中间。我读它的时候还不到谈恋爱的年龄，受影响不深。

在中外的文学作品里，“革命”是一个极其重大的主题。有的是讲天赋人权对中世纪黑暗统治的革命，有的是讲无产阶级对统治天下还不到几个世纪的资产阶级的革命。回忆我读到这些内容时，镇压、压榨的残酷，反抗的坚韧不

① 《大卫·科波菲尔》的中文译名。

拔，血与火、刀与剑碰撞的跌宕起伏，社会大震荡中人们性格的扭曲，混乱中的恐怖，社会不能不付出的代价……正是头脑里存储了这样多的信息，使得我在走上跟随共产党闹革命的道路后，不像许许多多男女知识青年，有那么多的浪漫情调，有那么多的豪情壮志。

读闲书，应该说对我人生道路的选择起了相当大的作用。至于对我后来学术生涯的影响，好像难以具体总结。可能，看闲书，扩大了视野，有利于帮助我认识货币、金融现象的“万花筒”，特别是在背后所隐藏着的人与人的复杂关系。

七　观察社会，为后来的学术研究铺垫了一些感性知识

前些日子，有份采访提纲提出这样的一个问题：在1950年接受货币、金融的教学任务之前，您最早是从哪里认识金融的?

我生长在当时中国第二大港口——天津，自然会接触许多金融现象。

首先，是复杂的流通中的货币。从幼年开始到1935年，市面上使用的是银圆，有外国的“鹰洋”，也有中国的“袁大头”“孙小头”。辅币是铜板。那时在天津，通用的是“当二十文”的铜板，也有少量更大额的铜板，后来短期出现过铜板券。同时有信用水平不同的私人银行的银行券；有

“官银号”的银行券。还有外国银行发行的银行券，多是大额的，在市面上平常很少见。1935年法币改革后，法币统一流通。抗战爆发后，在日本统治下的天津，流通的是与日元等值的“联银券”。“大日本帝国政府军票”，俗称日本军票，也有少量流通。

1949年初冬，进入学术生涯的前夕，我在华北大学宿舍

其次，是金融业。从小的时候就看到大街上的银行。银行，那时是指新式的，按从西方引进的范式成立的银行。银行大多开在繁华街道，门面气派，与普通商铺区别明显。旧式的银钱业，应该叫“银号”，但我已经回忆不起具体的样子了。外国银行大多在英国租借地，日本的银行在日本租借地。这些外国银行多是西方的古典式建筑，高高的台阶和很少有人进出的沉重玻璃门，好像和老百姓之间有着难以逾越的鸿沟。就是中国的银行，我不记得进去过。典当行到处都有。我出生的老街区，就有典当行。我不止一次进出过典当行，对它们的操作过程，到今天，印象依然十分清楚。典当行通行的“三分息（月息3%）”，也深深刻印在记忆里。

关于高利贷，在我居住过的贫困阶层（过去叫贩夫走卒）聚居区，有具体的了解。在20世纪90年代初第一版的《货币银行学》里，我就是根据自己的实际了解，写了这样一段：“在城市的贫民中间有一种‘印子钱’，借10元，实得9元，每天还0.2元[1]，还到60天算本利还清。这种借贷，实际是以日计息的，日息约为1%，月息可达近35%。”

再次，是金融市场。天津，日本占领的后几年，有股票市场（开滦矿务局、永利制碱厂等的股票），还一度有黄金市场。在繁华的大街上开设有这些市场的经纪人的门面。这些经纪人的门面，与现在证券公司的门面比，小得无法比拟。不过，小小的门面装修得都比较洋气：有大大的玻璃窗和一扇窄窄的玻璃门，透过玻璃窗看到不大的房间大多分成两层。下层摆着桌椅，听说是客户休息的地方；上层有张办公桌和一两部电话，显然是经纪人与场内交易员联系的地方。有人说，在旧社会，他家的楼下就有金融，显然就是这类经纪门面。中学毕业后，由于要报考大学，我也知道有经济学科这类专业，如议论当时天津工商学院的教授讲股票投机却总是赔得一塌糊涂的笑话，等等。

此外，在日本投降后，物价有过大幅度的下跌，纷纷传说，是紧缩银根的结果——投机家筹不到钱不能不以低价甩卖囤积的货物。虽然弄不清原委，但是也看到了通货膨胀突然转入通货紧缩的种种现象。

这些，在当时，只不过是当作“社会常识”印在头脑里的。后来我进入金融的教研领域，慢慢感到这些感性的常识储备很有帮助。

① 在后来出版的《金融学》的第一版、第二版里，把“0.2元”错写成“0.02元”。

贰

进入终身从事的金融教学领域，拼力打基础

一 迈进了陌生的金融学科领域

政府决定成立中国人民大学，是在1949年12月。当时确定本科设八个系：经济系、经济计划系、财政信用借贷系①、贸易系、合作社系、工厂管理系、法律系和外交系。

据《中国人民大学纪事》记载，各系的系主任任命是在1950年3月29日。但在我的记忆里，系的运作应该在这之前。招收新生工作是在春节前后进行的。招生即分系招收，随即分别按系入学。只是苏联专家未到，尚无教学计划，入学的新生主要是学俄语，上政治课，补习语文、数学等文化课。没有系的建制是难以想象的。

系主任下设教务秘书和组织秘书，以及教务干事和组织干事数人。记得一天，校部召集与我资历相当的二十来个人，宣布各系教务秘书和组织秘书的分配。我被分配到财政金融系，职务是教务秘书。之前，也曾想要求组织把我分配到经济计划系。那时，苏联第一个五年计划的成就在我头脑

① “财政信用借贷系”，是从俄文Кафедра Финаны и Кредита翻译过来的。用英文标注，应是Department of Finance and Credit。Финаны与Finance等价，当时有人译为“财政”，有人译为“金融”。中国人民大学当时确定译为“财政”。对于Финаны，设一个专业，从苏联派来的专家看，有讲国家财政的教授，有讲企业财务的教授。后来，这个专业的方向实际定为public finance，即“财政”。Кредита与credit等价，当时的翻译不知出于怎样的考虑，竟然译出“信用借贷”四个字。在随后的年代，这个系曾频繁更名，如“财政信贷系”“财政系”等，直到20世纪80年代中，定名为“财政金融系”。1997年升格为“财政金融学院”。在今天看来，这个系所统领的一直是财政和金融两个专业（在20世纪90年代之前，还包括财务会计专业）。下面凡提到这个单位，不论该时段的具体名称如何，一律采用“财政金融”的称呼。

里印象极深，是经济建设的尖端；同时，计划无疑需要大量的计算，也正是自己的兴趣所在。但分配方案这么快地定了下来，也就没有机会再提个人的要求。

系里的人员，除少数确定作为行政工作人员外，大多明确将来都要讲课。但开始传说是苏联专家讲授，大家边工作，边学习，也就是说，上讲堂的任务并不紧迫。至于谁讲什么课，那好像是随着教研室的划分明确起来的。

当时的财政金融系分三个专业，相应地设立三个教研室：财政教研室、货币流通与信用教研室和会计教研室（会计教研室最初的名字很长，记不清了），我被分配到货币流通与信用教研室。当时，李达先生的《货币学概论》已经出版，我也曾找来阅读。李达先生的文笔非常流畅，但内容我读不太懂，翻翻就放下了。

秋季学期开始，苏联专家终于来了，有三四十位①。应该是在之前，中国人民大学的领导和苏联专家方面的负责人认识到：第一，仅凭苏联专家，无法为全校的政治理论课和各系的专业课进行课堂讲授；第二，懂专业的俄语口语翻译没有几位，其中有的还是从中央有关单位请来临时帮忙的。绝大部分翻译是从哈尔滨招聘来的小青年，生活俄语很熟悉，却不懂专业。也就是说，就是专家上堂讲授，口译的问题也难以解决。于是很快传达下来：教学模式是苏联专家给挑选出来的中国教师讲，中国教师再给同学转述。

当时，设有一年制专修科，其中有财政银行班，学生近

① 《中国人民大学纪事》记载，1950年9月至1951年7月，先后到校的苏联专家共36位。

百人。这个班一开学就要讲授“货币流通与信用”，而且是两个学期的课，即学生在校的一年，自始至终要学这门课程。于是，货币流通与信用教研室立即组织了讲授货币流通与信用的教师小组。成员有系主任崔希默，我、肖清、郭丁、林与权，还有从同学里选拔出来的车孤萍、栾重威等人。

这就是我实实在在的进入金融学教学研究领域的具体情况。

二 “赶鸭子上架”

要立即走上大学经济学科的讲堂，我在过去的一篇回忆文章里曾这样形容：“实在有点‘挟泰山以超北海’的狂想味道。”

1959年，我在中国人民大学西郊红二楼宿舍备课

苏联专家给我们讲，我们再给同学转述，说着容易，但实际上困难重重。

（1）苏联专家匆匆赶到中国，对于中国，对于中国的教师和学生都不了解。

（2）教师极少有学过经济学的，我们这个货币流通与信用教师小组全都没有学过经济学。学生是在战争环境下摸爬滚打出来的青年干部，就文化素养看，部分相当于高中以上，部分仅仅够初中水平。照苏联大专学校的提纲传授，差距太大。

（3）刚开始的大半个学期，没有课程提纲，也没有教材，有些零星俄文资料，笔译速度也远远赶不上中国教师备课的需要。苏联教师一周给我们讲一次，讲下周课程的内容。每次一个上午或下午，通过翻译，根本不可能传授全部应该讲授的内容。也就是说，一堂课的内容，中国教师要根据苏联专家讲的框架，自己准备。

（4）语言不通，口译水平太低，学术内容常常传达不到位。教师都没有听懂，如何能向学生“转述”。其实，我们就是能原封原样地转述，学生也很难听懂。

然而，学校的规矩，铃声一响，不论什么困难，教师也必须按课表准时上课。

我们教研室的苏联专家，姓西尼洛夫，一位极负责任的教授，立即赶写出一份课程轮廓。除引言外，有两部分：一是“资本主义的货币流通、信用与银行”，二是“社会主义社会的货币流通、信用与银行”。后来，我们了解到，专家所拟的课程轮廓，实际包括当时苏联的好几门课：“资本主义国家的货币流通与信用”“苏联社会主义的货币流通与信用”“苏联短期信贷的组织与计划”“苏联货币流通的组织与计划”“苏联基本建设投资的拨款与长期贷款”以及“苏联对外贸易的结算和信贷”。实际讲授的内容，可以说是既包括金融理论，又包括金融实务。

引言，苏联专家坚持自己写讲稿，自己亲自上讲台。学生们听说苏联专家讲课，很兴奋。虽然讲稿由高水平的笔译人员译出，由口译的小青年读出，但学生根本听不懂。因为教授讲的内容是马恩列斯关于货币流通、信用与银行的学说，学生根本没有接受的基础。随后的一讲是“货币的起源、本质与职能”，由系主任崔希默讲授。苏联专家用了半天的时间给中国教师小组辅导了这一讲应该讲的内容。专家用俄文讲，翻译口译为中文，有时大体翻译出来了，有时翻译得莫名其妙，中国教师有时听得懂，有时听不懂，于是需要不断反复。那一次是弄清了大体轮廓还是没有弄清，已经回忆不起来了。实际上是送走专家后，由大家帮助崔主任根据李达的《货币学概论》准备的讲稿，一直准备到后半夜。崔希默是抗日战争时期的老干部，上过大学，但没有经济学的功底，上课脱离不了讲稿，学生根本听不懂。

我的任务是讲第五讲“借贷资本、货币市场、信用形式及信用在资本主义经济中的作用”。我提前找到了《资本论》第三卷第五篇，以及《货币学概论》等几本参考书，突击做了些准备。专家对这一讲的辅导是在他住的东交民巷的国际饭店里进行的。这次辅导，没有料到，一开始就卡了壳。专家开始讲高利贷，年轻的小翻译不知道这个术语，糊里糊涂地翻成个什么词，我们听不懂，也不敢打断讲授。当我们断断续续从讲授的内容猜出是讲高利贷的时候，大半的辅导时间已经过去了。我抓紧时间向专家提问：这一部分，关于高利贷问题是否应参考《资本论》第三卷第五篇最后的一章；其余部分是否应参考这一篇开头的几章。专家对提问的最初反应是有些惊愕，我和与我同去的人，后来一致猜测，他惊愕的是：你们能读《资本论》！

专家辅导之后我开始借助有关的参考资料，按自己的理解准备讲稿，但在课堂上我并没有念讲稿，而是把自己的讲稿用口语表述出来，效果良好。后来，系里就减轻了我作为教务秘书的行政工作负担并把较多的章节安排由我讲授。

虽然总体上讲课效果良好，但也有讲砸了的时候。那是这门课偏后的一堂课——“信贷计划”。记不起是什么原因，我直到上课的前一天才备课。这一讲的内容，一是整个经济领域中贷款、存款和现金发行这三者的平衡规律，二是对计划年度的主要项目，如全国居民储蓄总额、全国商业零售企业贷款总额等进行计划的方法。当时，这类问题我还没有接触过，而且专家提供的几页材料讲述得也颇为粗略，全然不可能在一夜之间写出个明白的讲稿。硬着头皮上课的效果，是自己根本不知所云，而学生听不懂时课堂必然有些嗡嗡之声。更尴尬的是，极少进教室的苏联专家选定了听这堂课。也许他是想听一堂效果较好的课，没想到这样扫兴。西尼洛夫老先生还是有涵养的，他只是摇摇头离开了教室。

货币流通与信用这门两学期的课，定在1951年暑假前进行考试。学校要求采用苏联的“先进”口试方法。口试方法是俄罗斯传统的考试方法，的确有许多优越之处，但视为绝对先进，则只是当时的说法。

口试，要有考签。两三道考题配成一张考签，学生抽考签，当场回答，教师当场给分。一个班，几十个学生，要配出几十张考签。力求不重复，那就需要拟出相当于“几十”的两三倍的考题。如此多的考题，必然会覆盖课程的全部要点。所以，具体出考题的第一步，就是按照章节顺序，把各章节的主要内容以考题的形式概括出来。由于中国教师第一次做口试的考官，还需要拟出“标准答案”，以便于掌握统一的尺度。当苏联专家向我们讲解了口试的基本环节和要求之后，记得教研室是这样分配任务的：谁讲哪一部分内容，就负责出哪一部分内容的考题并写出标准答案。教师当场纷纷表示，任务太难，无法接受。于是教研室把任务落在我的身上。

任务的确太难。这实际上是要求对一年来讲授的这门课程进行全面的回顾和总结，是要求对各章各节的要点进行系统的提炼和表述。我只讲授了一部分课，但课程的全过程都参加了；不是我讲授的部分，我也都学习了有关资料并曾参与有关教师的备课。问题是：了解了全课程是一回事，要把全课程的精华以统一的考签及其标准答案的形式表达出来是另一回事。比如，平时有些问题弄不太清楚，可以略过，可以含混过关，可以等待来日，而现在，则无所遁形。当然，我也认识到，就掌握这门课程来说，完成这项任务虽然绝不等于“羽化登仙”，但总意味着完成一次有关键意义的脱茧。

完成任务的过程记不得了，只记得成果是好多页按章节顺序写出来的考题和标准答案，并且根据这份材料向学生做了系统辅导。考题、考签按规定是要保密的，“标准答案”更应保密。但考虑到学生糊里糊涂地听了一年的课，用考题和标准答案的方式记录下他们一年来所学的内容，也算有些补偿；而且，要把上百道考题及答案记下来，也就等于把全课程认认真真地复习一遍。在这样的情况下，“保密”有何意义？于是没有理会“保密”的禁令，我做了几次长时间的辅导，也就是我念，学生记，把考题和标准答案原原本本地

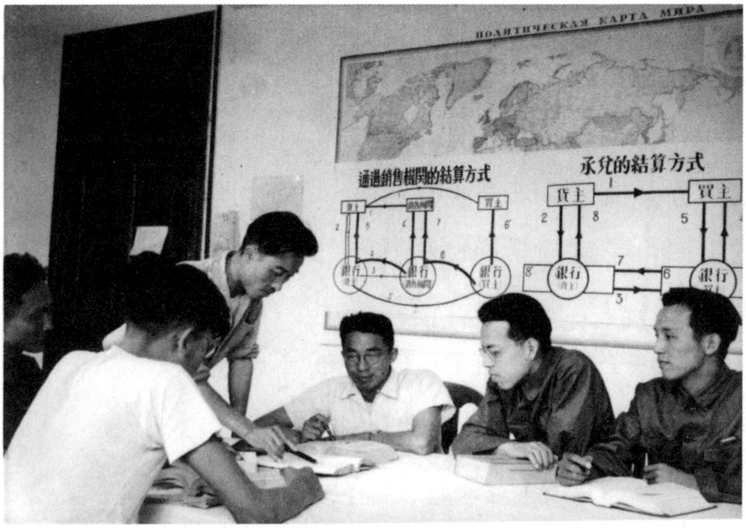

1950年，我（右二）在中国人民大学，同货币流通与信用教研室的教师集体备课

讲给了学生。

多少年来，我总认为这份材料已不存在。在2010年写《结缘货币银行学六十年》一文时，还曾认为1951年的这份“‘货币流通与信用’考试题”已经随最初几年的讲稿，付之一炬了。没想到，2014年当我查阅上交给学校档案馆的教学档案目录时，发现它还在。标题是《“货币流通与信用”考试题1950/51学年专修科财政银行班》。

这份考题和标准答案，我是在16开的白纸上手写的。从纸张和书写情况看，应是最后的誊录稿。其中，共出考题102道，全文近6万字。这份材料大体可以说明当初教这门课程一年所达到的水平。而且，这也实际是在考试前由“中国教师”自己编写出来的“教材”。历史不应割断，是不是也应这样看，今天我们中国人民大学财政金融学院已经出至四版的上百万字的《金融学》，它最早的雏形就是这份在白纸上手写的教学材料。

无论如何，最为困难的一学年过去了，我也摆脱了教学行政职务，成为全职教师。而且，经过这一学年，我深深地被货币银行学这门学科吸引住了，感到学货币银行学，教货币银行学，原来也有无尽的享受。

回忆这一过程，在1993年写的《自述》一文里，我曾写下这样几句话：

在缺乏专业基础的条件下，硬要走上经济学的讲坛，真像俗语所说的，是“赶鸭子上架”。然而终于“上了架”并在这一领域铺下了一些便于后学的石子。对此，旁人誉之为“自学成才”，以示鼓励；我自己则喜欢用“土法上马”这几个字，以示这是特定历史背景下的特殊路子，更能形象说明自己成长的时代特点。

三 啃《资本论》

没有丝毫基础，却要当经济学领域的教师，那必须老老实实补习基础的经济知识。从知道真的要上讲堂的那天起就开始了自我补课的过程。

强调“自我”，是因为没有人具体指导应该怎样补课。中国人，千百年来，要成为士人，必须读圣贤书。这个观念是深入人们骨子里的。现在要成为新中国的学者，自然要读马克思主义的圣贤书——《资本论》。这个一般性的道理倒是上上下下都在讲的。而且从《货币学概论》和有关书籍来了解，要讲货币流通与信用这门课程，《资本论》在第一卷的前几章和第三卷的第五篇，直接覆盖了这门课程绝大部分的内容。这就是说，无论是从大道理，还是从具体课程的内容来看，《资本论》都是我们必读的。

学《资本论》，没有人具体指导，也无处请教。当时经济系有苏联专家指导学习《资本论》，可是我们没有机会接近、讨教。有媒体采访时问：当您第一次读《资本论》时是一种什么感受？我想了想，就是一个“难”字。

开始是读《资本论》第一卷的前三章。这是第一次恭恭敬敬地阅读古典的经济学名著。我面对这部19世纪用严谨的德国思辨逻辑写出来的经济理论，好像遇到一面玻璃墙，无法登堂入室。读不进去，硬着头皮读；一遍读不懂，再读；两三遍读不懂，读五六遍。反复读，有时若有所悟，但是又朦朦胧胧，无法肯定，往往无法用自己的语言表达出来。有时一旦之间，觉得多少掌握了要领，有了自己的解读，真是感到“众里寻他千百度，蓦然回首，那人却在灯火阑珊处”的兴奋。那时，我们对于这样的过程叫“啃”。啃得多了，就有所领悟，增长了信心，再读、再啃。

在这个过程中，我自己总结了一个方法，就是把翻译来的“科学语言”与自己熟悉的生活实际接轨。比如，“货币是一般等价物”是那时我们学金融学碰到的第一个定义。其中，“一般等价物”这个词在中国的日常用语中是没有的，在古往今来的施政对策文献中也未曾遇到过，实在陌生又有点神秘。那时有《资本论》的俄文译本和英文译本。俄文的一般等价物是Всеобщии Эквивалент；英文的一般等价物是Universal Equivalent。Всеобщии和Universal，译成“一般”是不错的，如果译成“普遍的”“公共的”“共同的”……也同样成立。Эквивалент和Equivalent译成“等价物”很简练，但属书面的学术语言，如转换为通俗的语言，应该是指：与某种对象在数量上、价值上，或某种可比的标准上“相等的东西”“相当的东西”……含义并非难以把握。通过自己头脑里通俗的翻译，好像那堵玻璃墙有了可以穿透的缝隙。再如“价值形态”（后来国家编译局的《资本论》译本，译为“价值形式”），浓浓的学术味好像高深莫测，但是，只要在“价值”和“形态”之间加一个“的”字，硬生生的学术腔就会大为缓和。如果解读为“价值的模样”“价值是个什么样子”等，就会使学术语言的神秘隔膜不再成为理解的障碍。如此等等。我曾与一些教师交换心得，有些教师害怕曲解了科学语言，宁可死记硬背佶屈聱牙的译文也不敢用自己的语言来解读。

我常常有一个疑问：原文，是原本就学术腔调极强，还是本来并不难懂，甚或是较为通俗的文字，只是经过翻译，才变成了“高贵的”学术语言？没有人回答我。我自己的外文水平低，属于“借助字典阅读外文文献”这个层次，也回答不了自己的疑问。

无疑，“啃”需要时间。回忆最初的几年，很少有午夜之前入睡的。那时，每周只是星期天休息一天。星期天读书、备课，在我们这批教师中相当普遍。星期六晚上，学校在广场上放电影，有时我也忍痛放弃这种在当时算是主要的娱乐机会。我是1952年结的婚，那时只有星期六的下午和星期天可以享受家庭的温暖甜蜜，就是这一周里仅仅七分之一多一点的温暖甜蜜，也时时会由于教学的压力而被侵占。

总之，为了补上基础知识，我的主要精力都是用在啃《资本论》上。正是集中精力苦读经典著述，才多少补上了从事经济学领域教学研究所必需的基础。

多年来，人们常常讲解马克思主义的经济学对于西方古典经济学的扬弃。而我的体会，首先应该肯定的是，马克思主义的经济学是对西方古典经济学的全面总结，尔后是在全面总结的基础上发展、提高和扬弃。从我们自己读《资本论》的效果来看，读了《资本论》，也就基本上把握了西方古典经济学；而没有把握西方古典经济学的精髓，也难以懂得马克思主义经济学。

现在，在西方讲师眉飞色舞地讲解“现代经济学”的时候，也常常忽视对“古典经济学”的传承。人类经济思想的发展是绵延不断的过程，离开、割裂发展过程，不可能把握经济学的精髓。而《资本论》，时时引导我们重视思想的传承。

我在啃《资本论》的同时，也用了相当长的时间，攻读相关的经典著述，如《政治经济学批判》等，更为马克思严谨的思辨治学方法（或许可以说是德国的思辨方法）所折服，终身受益。

可以称之为“啃”的过程，至少有四五年。1954年买到的人民出版社出版的郭王全翻译的《资本论》，在有关章节，到处写着我的注释。这说明，我在之后的一些年，也还是经常学习这本经典的。

四 最初形成的基本理论观念

一方面讲授货币流通与信用课程，一方面通过学习《资本论》等经典著述补课，在最初几年里形成了基本理论观念。这些观念不时受到挑战，但在挑战中越发证明其真理性。时至今日，一些糊涂观念也往往涉及这些基本论断。似有必要择其要者，罗列如下：

（1）货币是怎样产生的?

是私有制。有了私有财产，有了“你的”“我的”之分，从而有了交换，有了服务于交换的货币。

马克思从价值形态的发展论证货币的产生，这是我第一次碰到如此艰深的学术表述方式。但是通过反复读，我渐渐领会最抽象的推导却是最真实地反映了社会经济发展的漫长的、真实的过程。

关于价值形态发展的缜密论证最有力的说明，是一个漫长的社会选择过程：货币的产生只能是自发的过程，它不可能被“创造”，不是“先王”的决断，也不是“智者”的发明。司马迁《史记·平准书》的“农工商交易之路通，而龟贝金钱刀布之币兴焉”，也是表达了这样的思想。在亚里士多德的著述里也有类似的判断。

关于“自发”的论断，其所以重要，我后来慢慢体会到：“智者”总想发明能够克服现行货币种种缺点的“超货币”，但这样的努力总难成功。关键是，要创造出“超货币”并要予以推行，那就必须同时重塑自发养育出现有货币的社会经济结构。“智者”没有这样的力量，只有求助于当权者的支持；而当权者实际也不会颠覆他所赖以建立统治的现有的社会经济结构——想颠覆，也不可能有这样的能力。

（2）货币是什么？

在《资本论》里，有两个答案：一是货币是一般等价物；二是价值尺度和流通手段的统一是货币。等价物是价值形态发展的结论，比较抽象；后一个论断更接近生活。

《西方经济学》的表述也是这两者：给商品以价格和交易的媒介。《资本论》和《西方经济学》这一教科书对这两者“内涵”的阐释有颇大的不同，但对“外延”的阐释则没有多大区别。

关于价值尺度，《资本论》的详细论证，使我们弄清了价值、价格、价格标准等概念之间的关系。对于讨论货币问题，这是基本功。对我自己来说，则为后来的价格研究打下了基础。

对于流通手段的论述，在《资本论》里也极为详尽。其中有两方面的论述使我们特别关注。

其一是流通中的货币量，直到今天，这也是金融学的核心课题。

其二是流通手段与危机的必然联系。马克思指出，直接的交换是一个统一的过程，而有了交易媒介的货币，这个统一的过程就变成买与卖两个相互独立的过程。而“……外部独立化过程进行到一定点，统一就只有强烈地由一次危机来坚持”[①]。

发展到今天，这就是资金链会不会断裂的问题。

应该说，20世纪规避、分散风险的金融产品，如远期、期货、期权，金融资产的证券化以及在这个基础上设计的层层金融衍生工具，在分散风险的创新方面称得起极其精妙，极富想象力。人们期望，有可能阻止危机的可能性向现实转化。可是，精妙的分散风险的创新，同时伴随着风险的叠加，不知在什么时候，资金链突然断裂，金融契约的大量违约和金融市场的急剧震荡突然爆发。2008年开始于美国的“次贷危机”，使人们重新认识到这依然是不能彻底化解的威胁。

（3）最基本的度量尺度，其本身竟然是可变的！

作为价值尺度的货币，在经济生活里是最基本的尺度：度量商品，使商品有价格，度量种种不同的对象，使经济可以获得种种“总额”的概念。改革开放前我们常用的是国民收入的指标，GNP、GDP的指标是改革开放后才采用的。

然而，这个最基本的度量尺度，其本身竟然是可变的！在资本主义发展的过程中，先是受金银比价经常波动的困扰；尔后实现了金本位，但最为理想的币材黄金，其价值也是可变的。在《资本论》里，马克思论证了可变的必然性。他没有抱怨这种可变性，我们从他的论述中实际领会的，是应该接受货币这个与生俱来的缺点。

马克思之所以专门论证这个问题，是因为在社会上，在学界里，一直存在这样的抱怨。后来经济学界的种种表现一

① 马克思：《资本论》卷一，人民出版社，1953年版，第106页。

再说明，确实存在着克服这种缺点的思潮。比如，20世纪初费雪的“补偿货币”，就是想通过调节货币供给量来保持币值不变。想法颇有影响，但未能付诸实施。计划经济强行实施的计划价格，也包括使货币成为不变尺度的想法——实际也没有能够实现。

现在，在商学院从事微观金融学科研究的人中，有不少人也希望现实的经济环境里有一个币值不变的货币。他们发展的种种模型，货币多是外生变量。这就存在一个问题，极其精确的模型碰到无从避免的可变宏观环境，其可信度不能不受到影响。从《资本论》对货币最基本的论证推导，这应该是改变不了的必然。因而任何想使货币成为不变尺度的方案，终归是徒劳的。

（4）货币——第一推动力。

马克思关于*W*—*G*—*W*转化为*G*—*W*—*G*的分析，导出货币是“第一推动力”的论断。令我们折服的是：仅仅把*W*—*G*—*W*更动为*G*—*W*—*G*，就为阐述货币转化为资本这样一个重大课题，提供了简明的框架。在这个框架下所进行的深刻而细致的分析，使我们懂得什么是作为货币的货币与什么是作为资本的货币之间的本质区别。

就我自己来说，结合当时解放区支持农民生产自救的例子，理解了货币可以成为劳动与生产资料结合的推动力量。例如：一方面有苇席的需要，一方面有会编苇席的农民，一方面有大量的苇塘。但有这样技能的农民没有粮食度荒，无力割芦苇、编苇席；合作社无资金，也无力收购农民编出的苇席。如果给农民发放点贷款，农民可以割苇编席；给合作社发放点贷款，合作社可以收购农民编出的苇席。农民卖出苇席，归还贷款；合作社卖出苇席，也可归还贷款。货币转了不长的一个小圈，农民度过了饥荒，合作社扩大了经营，社会得到了苇席的供应。当时有人说，这样的例子太小，不能用来解说马克思的大理论。我想，见微知著，不排斥微小事例，也许更能领会大理论的精神实质。

其实，这个简单的例证，也许更能说明马克思的“第一推动力”所要推动的是“*W*”，而不是“*G*”。当人们热衷于金融产品炒作的时候，那是走进了*G*—*G*—*G*的华彩世界，而忘乎所以。直到2008年的全球经济危机，世界才又重新悟出：金融的历史使命，其根本还是在于推动实体经济的运转。这里，不由得想起中国古代有“以虚荡其实”的说法——虚，是指货币；实，是指农工商。古圣先贤实有见地！

（5）信用及信用的二重性。

我们曾经想在《资本论》里找到像论述货币产生那样的对信用产生的论述，可惜没有找到。实际上在我们当时可以看到的外国经济文献里也难以找到。后来我们自己形成了两个观点：一是信用的存在以私有制为前提，没有财产上的你我之分，就谈不上借贷；二是货币与信用并行产生，不互为条件。

可是，《资本论》对于信用所做的理论探讨，其丰富程度好像永远也挖掘不尽。

关于信用的作用，马克思有专章论述，他总结为四条：促进利润率趋于平衡所必要；使流通费用减少；促成股份公司的成立；有可能绝对地支配别人的资本、别人的财产，以及别人的劳动。不知是什么原因，当时苏联的教材，只引述了前两条，并用促进资本集中和加速资本积累两条代替了马克思的后两条。我们在改编苏联教材时，保留了苏联教材的四条。但《资本论》原有的后两条，马克思是用相当长的篇幅论证的。虽然文字极为艰深，但我反复阅读，多少有所领会之后，觉得论证的结论极为重要：资本主义信用制度，特别是股份公司，是走上一个新的生产方式的过渡形态。所以我们在"信用制度双重性"的题目下引述了马克思后两条的思想。

改革开放后不久，便展开了以股份制形式改造国有经济的争论。这是当时非常重要的一场争论。我没有参与这一争论。只是后来在编写的教材里进一步增设"信用与股份公司"的专节来陈述马克思在一百多年前令人不得不信服的极具历史穿透力的预见。我感觉，就是今天，在研究国有经济的"资本运营"这类问题时，重温马克思的有关论述仍有必要。

（6）银行系统的规律。

苏联的教材，对资本主义世界商业银行和中央银行的介绍相当详尽。但是不对照《资本论》的分析，往往是知其然而不知其所以然。

当时，商业银行的主要业务是贴现。对于贴现的业务程序，苏联教材交代得也还清楚，但是缺乏理论分析。《资本论》则分析了银行的贴现业务在经济周期不同阶段可能发生的不同结果。由于票据有依据真实经济行为签发的，也有为了融通资金而签发的，马克思则分别进行了详尽的考察。同时，他既考察商业银行的微观行为，也考察微观行为的宏观效果。虽然《资本论》的许多分析还停留在材料归纳，尚无论断，但分析的意向确有启发性。

我们后来知道，在西方商业银行的经营里有真实票据原则。那时，我们还在学苏联，而苏联银行的短期信贷里有物资保证原则。正是由于有《资本论》的启发，我们逐渐弄懂了真实票据原则以及实际是源于真实票据原则的物资保证原则的经济含义，特别是探索到了如何从中分析宏观经济均衡的途径。

关于中央银行，马克思在《资本论》里对英格兰银行的分析，使我们受到启发。比如，马克思指出，在危机爆发之际，实际上，经济需要大量作为支付手段的货币来结清债务，而当时英格兰银行实施的却是紧缩经济，提供银行券的做法。危机出现时，确实存在大量债权债务无法结清，但更有大量债权债务并不存在问题。相互纠结，会使资金链处处梗阻，从而使危机加剧；如果扩大支付手段供给，减少梗阻，完全可以减轻危机的破坏程度。从马克思的晦涩论述里悟出这样的思想，给我的印象极为深刻。虽然没有写进教材里，但一直牢记在心。20世纪70年代，芝加哥的货币学派，在研究1929—1933年世界经济大危机中，论断：是银行体系紧缩的方针造成不应有的巨大破坏力。虽然没有具体研读货币学派的著述，但由于对马克思的论点印象极深，我立即感到这样的分析可能是正确的。实际上，晚近，在世界范围内，在危机时期，作为最后贷款者的中央银行必须实施救助方针，已成共识。至于事实上的烂账，全然可以在危机浪头过去后再一一处理。

我们实际也是遵循了这样的方针。自然，在紧迫中间，总会伴随有种种缺憾。而对缺憾的过分挑剔，实际是对始自马克思论证的应对危机的金融方针缺乏深刻的理解。

五 流通中货币量理论与总供需平衡

流通中货币量的理论可以说是货币学、金融学的第一个理论。看似并不复杂的理论，人们的理解往往过分肤浅。这里也有一个故事。

马克思是在流通手段中以极为严谨的逻辑推导论证了这个理论：黄金自身作为价值实体，使商品的价值获得以黄金数量表示的外在形态——价格，以P代表。无论是商品的价值还是黄金的价值都取决于在它们体内所凝结的抽象劳动，而价值的创造是在生产的过程之中，所以，商品是带着价格进入流通的。带着价格进入流通的商品要求实现其价值，于是把等量的货币商品——黄金引进流通。交换实现，商品退出流通，黄金则停留在流通之内，即流通中的货币量，以M代表。由于有许多商品进入流通，从而有商品价格乘以商品数量的价格总额，以PQ代表。由于停留在流通里的黄金可以多次实现商品的价值，即存在货币的流通速度，以V代表。于是流通中货币黄金的量等于PQ/V。在《资本论》里，流通中货币量M（后来的学者多表述为必要量）理论，最基本的表述如下：

$$流通中的货币量=\frac{商品的价格\times商品数量}{同名称货币单位的流通次数}$$

以符号表示：

$$M=\frac{PQ}{V}$$

如果加进价格标准，比如采用包含特定金量的金元，即以金元表示商品的价格，以P_{gy}代表，那就要用“流通中所需要的金元总额，以M_{gy}代表”代替“流通中的货币量M”，这个等式则应表示为：

$$流通中所需要的金元总额=\frac{以金元表示的商品价格\times商品数量}{同名称货币单位的流通次数}$$

以符号表示：

$$M_{gy}=\frac{P_{gy}Q}{V}$$

在随即探讨的价值符号一节里，马克思分析了纸币与金币的不同。在经济生活里，有一个金的储水池，当流通需要较多的金行使流通手段实现职能时，金从储水池流出，补充流通手段量的不足；当流通不需要那么多的流通手段时，金则流回储水池，处于不流动的储藏状态。而纸币，是靠外力，主要是国家投入流通的，它没有自动的退出机制。

随后做出论断：

（1）印有与金币的单位名称相同的纸币进入流通，在其数量有限的限度内，可以代替同一单位名称的金币流通。

（2）投入流通的任意数量的纸元都会停留在流通之中；它们排斥金元，形成纸元充斥流通的局面。

（3）停留在流通之中的纸元，以M_{py}代表，无论有多少，它们所能代表的只是流通所需要的金币量，从而，印有与金币单位同名的纸元能够在怎样的程度上代替金元，或者说纸币的币值有多大——以x代表，则取决于如下规律：

$$\text{纸元实际所能代替金元的比例}=\frac{\text{流通中所需要的金元总额}}{\text{纸元总额}}$$

以符号表示：

$$x=\frac{M_{gy}}{M_{py}}$$

于是，用印有同名称货币单位的纸币，如纸元，所表示的商品价格应该等于：

$$\text{以纸元表示的商品价格}=\frac{\text{以金元表示的商品价格}}{\text{纸元实际所能代替金元的比例}}$$

以符号表示：

$$P_{py}=\frac{P_{gy}}{x}$$

对于流通中货币必要量与纸币流通的规律，马克思没有进一步联系起来论证。在马克思的那个时代，金币、银币还在流通，纸元充斥流通只是短暂的现象。

在20世纪50年代初，虽有位苏联学者曾把马克思对流通中货币量与对纸币的讨论联系起来进行分析过，但他没有列出公式，具体结论我也记不起来了，好像是有可能把黄金对货币流通的影响排除在外。在这样的启发下，我尝试着进行推导。从以纸元表示的价格P_{py}开始：

在公式 $P_{py}=\frac{P_{gy}}{x}$ 中，以 $\frac{M_{gy}}{M_{py}}$ 代替x，于是有：

$$P_{py}=\frac{P_{gy}}{\dfrac{M_{gy}}{M_{py}}}$$

在公式$P_{py}=\frac{P_{gy}}{\frac{M_{gy}}{M_{py}}}$中，以$\frac{P_{gy}Q}{V}$代替$M_{gy}$，于是有：

$$P_{py}=\frac{P_{gy}}{\dfrac{\frac{P_{gy}Q}{V}}{M_{py}}}$$

整理后：

$$P_{py}Q=M_{py}V$$

以纸元表示的商品价格×商品数量=纸元总额×同名称货币单位的流通次数

当流通中只有纸元流通，商品价格均以纸元标示时，可去掉下标，于是有：

$$PQ=MV$$

商品价格×商品数量=纸元总额×流通次数

结果，竟然与费雪的交易方程式一模一样！

我把这个推导的过程写在一张大纸上，请1953年从外校调进教研室的周作仁老先生审查。周作仁老先生留学美、德，是1949年前最知名的货币银行学教授，论辈分，排在马寅初先生之前。一两天后，周老先生说，他老了，看这些数字符号头痛，提不出什么意见，并表扬我喜欢思考。周老先生是非常严肃认真的，他一定看了，也许是真头痛，看不下去，也许觉得有政治风险，不便表态。

实际上，计划经济中，对于供求平衡的要求，用的也是这个$PQ=MV$等式；当我们接触到宏观经济学的总供给与总需求均衡，用的同样是这个等式。

马克思的流通中货币量理论，费雪的交易方程式，计划经济的供求平衡要求，宏观经济学的总供给与总需求均衡等，考察的对象都是同样的客观经济过程。如果得出同样的代数表达式，并不值得惊异；而且相互参照，应该更有利于认识这一客观经济过程。但是在那时，把马克思的理论与费雪的理论联系在一起，是有极大政治风险的。实际上，在我们的经济学界也极少触碰这个问题。

六 第一本教材——第一阶段的总结

中国人民大学开始金融学科建设之日，也是我进入金融学科领域之时。其最初的三五年，或许可以这样归纳：一方面是从苏联专家以及他们带来的苏联教材那里学习金融学；与之同时，则是拼力从《资本论》等经典著述补学经济学和金融学的基本理论知识。

经过了三五年，我们觉得，在所学的所有课程内容中，核心的部分是“资本主义国家的货币流通与信用”。一是这门课程里包含着经济学和金融学的基本理论。即使是讲苏联社会主义的货币、信用，也要用这些基本理论指导。二是讲述了世界市场经济国家的金融制度、金融机构等的发展演变和现状，讲述了国际金融关系，可以概略了解世界金融全局。

非常幸运的是，资本主义国家货币流通与信用这门课，在苏联有一本很好的教材。作者是布列格里教授，在当时的苏联，属老一辈的经济学者。他的《资本主义国家的货币流通与信用》，其一，系统地论述了货币银行学的基础理论和基本知识。几十年后，当我们较为系统地了解货币银行学这门学科发展历程的时候，发现他的这本教材实际是延续了西方货币银行学在20世纪初的体系框架。当然，增加了一系列社会主义的货币、信用、银行与资本主义有本质不同的论述。其二，它对马克思的货币银行理论做了系统而又深入浅出的阐述，现在回过头来看，较之同时代西方的货币银行学具有更为深邃的理论内涵。

这本教材是1950年出版的。我们教研室可能是从1951年开始全力组织翻译。译出一章，即由中国人民大学出版社铅印一章，供本校和兄弟院校使用。全书译完约在1953年，1955年由财政经济出版社出版。

不过，对于翻译过来的教材，当时中国的学生接受起来比较吃力；而西方世界金融领域不断出现的新进展也需要补充进教材。因而教研室决定以这本教材为蓝本，编写一本中国学生易于接受的《资本主义国家的货币流通与信用》。

设想早就提出，实际开始动手大约是在1954年。改编的总体设计，在这本书“编者的话”中概括说明：“本书的体系是以苏联兹·阿特拉斯和戈·布列格里等教授在1955年集体编写的提纲为依据，并参酌我们在教学工作中的体验而确定的。编写本书所采用的材料有相当大的部分是出于布列格里教授所著《资本主义国家的货币流通与信用》一书，其中不少地方是整段引用原文而只在文字方面做了某些加工。”当时，我任货币流通与信用教研室主任，并主持这项工作。参与这项工作的有周作仁、杨承祚、林与权和我四人。周作仁老先生，前面已经介绍，分工起草几章的改编稿；杨承祚老先生也是1953年调进教研室的，曾留美，熟悉国际金融情况，在当时的困难条件下搜集了大量20世纪50年代前半期的新资料，使教材充实了新内容；林与权和我分工改编大部分章节。统稿由我负责，林与权同志协助。林与权是华北大学留校的青年知识分子，颇有才华，一直是金融学科的教学骨干。1957年，这本教材由中国人民大学出版社分上、下两册出版；同年5月，合为一册出版。封面以蓝色调为主，国内同行称为“蓝皮书”，一直使用到改革开放初期。

这是我第一本主持编写出来并公开发行的教材，也是中国人民大学金融系编写的第一本教材。那时没有复印技术，初稿必须抄录后才能统编；统编稿改动多了，还需重抄、再重抄。当收到中国人民大学出版社出版的这本教材时，我不禁在扉页上写下：“……两年半的经营近日方始出版，方知编书之不易也！”

从全然外行，硬要拼成内行，这最初几年，如用爬坡形容，是爬一个极陡而又毫无喘息机会的坡。这本教材的出版，可以说是这第一阶段的总结。感觉上，好像有了一个喘息的机会。但后面，其实依然像爬山那样，好不容易爬上一个坡，却又发现前面依然是要继续攀爬的陡坡。

叁

独立思考，立足实际，开拓宏观分析之路

一 独立思考，埋头理论探索

从20世纪50年代中期到60年代中期，相对于开始进入金融学科的前几年，可以称之为第二阶段。如果说，第一阶段是拼命跨越对金融学“毫无所知”的这道门槛，那么第二阶段则是对“初始的知”进行打磨、提高，为有所升华积累学术积淀。“文化大革命”的十年，教学研究活动停摆，在学术方面不可能有阶段性的跨越，或可视为第二阶段延伸的灰色岁月。

这一阶段的特点，首先是独立思考。中华人民共和国成立之初，在“一边倒”，即全面倒向苏联的政治局面下，不仅办校要学苏联，在学术上也强调学苏联。当时，如果中国教职员工与苏联专家发生冲突，处理的原则是：“无理三扁担，有理扁担三。”在这种形势下，谈论独立思考可能是多余的。

然而，只要在学术上钻研，不可能不独立思考。好在经过最初的两三年，束缚独立思考的政治压力逐渐缓解。重大的转折点是在1958年。那一年提出了“解放思想”的口号。这个口号有“大跃进”的背景，其消极作用表现为蔑视客观规律的胡想；这个口号还有中苏交恶的背景，对大学来说，这个背景倒是彻底解脱了“学苏联”的束缚。更加重要的是，当“解放思想”成为一般的口号时，对于学术领域的独立思考确是给予了极大的推动力。特别是在20世纪60年代初期的几年，曾给中国的哲学社会科学领域提供了相对宽松的政治气候和繁荣局面。也就是在此期间，自己在学术方面进入了转折点。

第二阶段的另一个特点是更自觉地立足于中国实际。

就是在一边倒地学苏联之际，也同时提出“理论联合实际，苏联经验与中国实际相结合”的方针。不过，在最初的一年，脑子里挤满了苏联引进的学科内容和补学《资本论》所输入的知识，根本无暇顾及中国实际。只是在课程快结束的时候，学校提出，课程不能只讲外国的，不讲中国的，才匆匆想了两三句口号式的内容，对付着讲了一讲。身为中国教师，对中国的货币银行状况竟然如此无知，使自己也受到很大的刺激。

于是，1951年年底制订了编写“中国部分”讲义的计划。当时，没有现成文献，只能靠自己从报纸、杂志、政府文件、领导讲话等方面寻找有关的资料和论点，然后凭着刚刚学到的“理论”，串联成文。1953年初，定稿为三章讲义：“人民革命胜利前的货币信用体系”“独立、统一与稳定的货币制度的建立与巩固”和“社会主义信用体系的建立与巩固”。我所承担的具体编写任务，只记得一直是“货币制度”这一章。我当时的一份手稿《第三章　新中国货币制度的建立》，有幸保存了下来。编写“中国部分”，有极大的收获。不仅使我了解了自

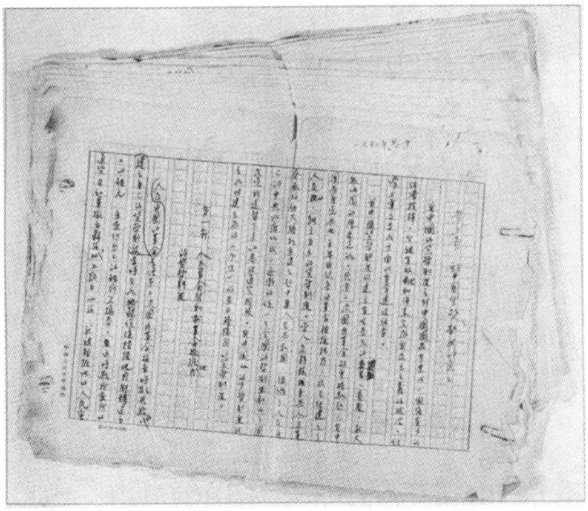

1952年春，《第三章　新中国货币制度的建立》手稿

己祖国当代的货币金融史，更重要的是，加深了我对一些基本理论观点的认识。比如，整理革命根据地和解放区的货币制度史，加深了我对货币制度与主权相互关系的认知，而这在教科书里即使提及，也是轻描淡写的。再如，中华人民共和国成立之初的制止恶性通货膨胀，是一个重大事件。那次始于抗日战争全面爆发前后的通货膨胀，到中华人民共和国成立之际达到顶峰。有人统计，抗战后的一元法币，最后只能买半粒大米。解放区的货币也贬值，只是比国统区的贬值速度慢一些。1948年12月1日发行的人民币，记得开始的基本单位是“元”，元的下面发行有角票，是否有分票，记不清了。到1950年3月平抑物价的前夕，人民币的基本单位已经是1万元；1000元相当1角，100元相当1分，还有50元的，相当0.5分。然而势如脱缰野马越涨越快的物价，却于1950年3月中的几天之间硬生生地被抑制住，并在随后的两三年一直保持基本的稳定。

通过分析资料，认识到所依据的就是自古及今人人尽知的供给与需求的原理，没有什么神秘的地方。但把极度的供不应求立即转变为供求平衡，用今天的话来说，它完全是一个巨大的系统工程。而种种政策、措施、制度、办法，能够真正贯彻实施，最根本的，靠的是政治的向心力、凝聚力，是一百多年中华儿女为摆脱屈辱、振兴中华所积累的政治向心力、凝聚力。

整理中国的史料，只不过是“结合实际”的一部分。更重要的是我们所学到的理论、观点，怎样接受中国现实生活的检验；而通过联系中国实际，又怎样能够解开我们在理论上的种种困惑。

头绪颇多，这里只能择其要者讲一讲。不过，开始先讲讲教学方面的联系实际。

二 两门课，要不要并成一门

从1950年开课，我们一直有两门主课："资本主义国家的货币流通与信用"和"苏联社会主义的货币流通与信用"，那时简称为资本主义部分和社会主义部分。

资本主义部分这门课，有讲不完的内容，有看不完的参考书。应该说开头的几年，我们的主要精力就是用在把握这门课的主要内容，而且感觉依然有非常深邃的内容等待我们去寻幽探胜。至于社会主义部分的内容，比较起来就非常薄弱。

回想当时的社会主义部分，主要理论内容不过是两个：一是社会主义社会为什么不能取消货币；二是银行国有化的理论。这是在19世纪就已经提出的两大理论问题。

马克思在《资本论》里提出"货币消亡"的命题。20世纪初，十月革命胜利后，是否应该取消货币就直接摆上取得政权的布尔什维克的议事桌上。几经反复，生活现实明确地给出结论：货币不能取消。

银行国有化，是在《共产党宣言》里明确提出来的。19世纪末期，银行垄断成为经济学研究的热点。列宁则把银行垄断和金融资本的形成列为帝国主义的五大特征之一。十月革命后也毫不犹豫地实施了银行的国有化。孙中山先生在三民主义中“节制资本”的主张，就有银行“由国家经营管理之”的内容。第二次世界大战后欧洲一些国家社会民主党执掌政权时，大多把银行国有化列入自己的政纲。

除去这两个，还有哪些重要理论观点，我记不清了。不过，即使有也不多。此外，则是有关金融机构的设置，从事的业务项目，实务操作的原则，等等。至于后来在我们国家开始探讨的社会主义经济中资金综合平衡问题，苏联学界好像并没有认真研究过。

两部分对比鲜明：资本主义部分讲得有劲头，社会主义部分没有多少内容好讲，而两部分在课程表上的学时却相同——若把社会主义部分的学时安排少了，岂不是政治问题！在这样的情况之下，教师明显感到，要是把两个部分合并在一起讲，那会节省许多时间。然而，不论这样的想法如何有道理，谁也不敢直接提出。

1958年的“解放思想”口号解脱了那种把苏联理论界的观点与马克思主义完全等同起来并不允许有丝毫怀疑的束缚。那是敢想敢干的年代，空幻的狂想和极度亢奋的氛围弥漫全国所有领域。中国人民银行北京市分行提出要通过几堂晚间的讲授就使他们的员工掌握货币银行学这门学问的设想，我有幸成为他们选中的实现设想的教师。就是这一机缘，给了我把“资本主义部分”和“社会主义部分”揉在一起讲的试验场所。全课的主要内容归并为四章：货币、信用、银行与货币流通。每一章都讲了原理，讲了资本主义世界的现状和社会主义的有关理论。我记得当时写出了提纲并印发给听课人员。

随后，教研室决定自己编写一本突破资本主义部分和社会主义部分两门课并行的新教材。新教材分三部分：第一部分是基础理论，骨架就是我在中国人民银行北京市分行讲授的那四章；第二部分是我国货币信用体系的发展；第三部分是当时我国现行的信贷与货币流通的组织与计划制度。

关键是理论部分。其之所以可以把两部分合并起来讲授，基本的指导思想在于对经济范畴的理解。可用当时我撰写的一段有关货币的论述为例说明：

货币作为一个经济范畴，它的本质应从形式和内容两方面来了解。

一个经济范畴的形式是指该经济范畴在经济过程中与其他经济范畴相互联系和相互制约的特点，而一个经济范畴的内容则是指该经济范畴所反映的、并为之服务的生产关系。

货币这一经济范畴在形式上的特征就在于它是起一般等价物作用的商品。……货币这种特征不仅在以私有制为基础的奴隶社会、封建社会和资本主义社会中是这样，就是在以公有制为基础的社会主义社会中也是这样。因为如果不具有这些特征，那就不再是货币，而是与货币不同的另一经济范畴。

至于说到货币这一经济范畴的内容，即货币所反映的生产关系，那就不同了。不错，无论在任何社会形态下，货币都同样反映着商品生产关系：产品由不同所有者所占有并通过等价交换实现相互之间的联系。但是，由于社会经济条件的不同，商品生产关系也就具有不同的性质，从而货币的内容也就必然随之而发生变化。

在以私有制为基础的阶级社会中，货币反映着私人劳动与社会劳动的矛盾，反映着阶级剥削的关系。……在社会主义条件下，伴随着私有制的消灭，资本这个经济范畴也已不复存在，因此货币不再能转化为资本和剥削工具。社会主义货币是新型的社会主义生产关系的体现者。

先后参加本教材编写的有我、萧清、程曙光、栾重威、林与权、周升业、李春等同志。当时，短期信贷专业的毕业生也曾参与一部分资料整理工作。全书最后的统一教改与定稿规定由我、林与权、周升业三人负责，实际是由我主要操作。封面署名是“黄达等集体编写”。

新教材起个什么名称？现成的有“货币流通与信用”。但“货币流通”，中国人读来总觉得啰唆，而且把货币理论限为“流通”，有过窄之嫌。“货币银行学”的名称倒是现成的，但怕人们议论是搬用西方世界已有的名称。于是敲定为“货币信用学”。1959年9月，中国人民大学出版社出版了包括教材前两个部分的《货币信用学（上）》。当时，将构成下册的第三部分内容，也写出来了，只是由于“反右倾”运动突然袭来，未能出版。

“反右倾”运动之后，在1960年上半年，我和周升业同志对这本教材进行系统修改。当接近完成之际，学校决定将周升业下放京郊农场锻炼，我则下放北京市北新桥人民公社，挂职为公社副主任。眼看有望完成的修订工作戛然而止。

1960年8月左右，北京有几所大学（并非所有大学），开展了一次“教学检查”运动，对教师（记不太准确，好像范围限定在党员骨干教师）的讲稿、教材普遍进行检查，目的是肃清教学中的“修正主义”。

中国人民大学有校一级的批判重点；各个系、各个研究所也得找出本单位的批判重点。这一年，财政金融系与贸易经济系合并为财政贸易系，运动开始，财政贸易系找不准重点，就把我从北新桥人民公社调回学校一起查找。没承想，找来找去，找到了《货币信用学》这本教材——把《资本主义国家的货币流通与信用》和《苏联社会主义的货币流通与信用》两本教材合成了一本教材，抹杀了资本主义和社会主义的本质区别，这岂不是最典型的修正主义？于是财政贸易系找到了批判的重点，我也就成为系一级的重点批判对象。批判过程持续了两个多月。

就像开始时搞不清楚来头一样，同样不清楚的是“领导”根据什么判断，教学检查“胜利”结束。而且，运动的平反也同样来得迅速。1961年上半年，大约是初夏，得到正式告知：我对资本主义和社会主义的区分是明确的，不存在混淆的错误！

时过境迁，这时我已经失去了简单修订《货币信用学》的积极性。那时，有许多论题在国内经济学界展开，也无暇闭门修订教材，于是这本教材就永远停留在“上册”。只不过，后来不少兄弟院系编写的教材都采用了“货币信用学”的名称，直到改革开放之后。

三 理论困惑之一："外壳"以及社会主义经济中的货币是否都是真实的货币

20世纪50年代初，在苏联，围绕着斯大林的《苏联社会主义经济问题》一书，展开了有关社会主义商品生产和价值规律的讨论；1953年开始，在苏联，还专门围绕社会主义的货币理论展开了讨论。也许有必要说明，那时人们所理解的"社会主义"实际上是十月革命后由苏联所创建的模式。

就当时苏联的权威说法，在国有经济和集体经济之间，在国家向工人、向劳动者分配消费资料的领域，存在着真实的商品货币关系，即商品是真实的商品，货币是真实的货币；而在国有经济内部，即国有的企业与企业之间，按照斯大林的权威说法，这里的商品只具有"外壳"。至于在这一领域的货币，是否也是只具有"外壳"的货币，斯大林没有表态。从而苏联有两派主张：一派认为，在苏联生产资料领域中的货币和商品领域中的货币不同，是纯粹形式上的货币，是国家手中纯形式、纯技术的核算与监督的工具；另一派则认为，无论是在商品领域，还是在非商品领域，存在的都是真实的起到一般等价物作用的货币，即整个经济中的货币是统一的。讨论的语言很玄奥，但有一个理由相当通俗：在统一国民经济里，说此处的货币是真货币，而彼处的货币不是真货币，那不符合生活实际；实际上，在消费资料领域为交换服务的货币可能立即转入生产资料领域为交换服务，反之在生产资料领域流转的货币也会瞬息之间进入消费资料领域，怎么能一会儿是真的，一会儿又是非真的？

不过，有幸的是，在中国，后来慢慢走出单纯打概念官司的圈子，即开始立足实际，从生活实际里寻求理论答案。

那时，对国有经济，最概括的表述是这样的：国有企业属于国家，遵循国民经济计划组织生产和流通，它们相互之间按照调拨计划发送产品，按照计划价格进行结算。似乎一切按照计划，没有任何独立的经济利益可言。

而在多年的接触实际中，我一再感到问题绝非如此简单。

——国有企业遵循国民经济计划组织生产和流通，是严格要求。但计划只可能确定其主要的生产和流通部分，因而不能不允许企业也有一部分“计划外”的活动。而且计划内的部分，在品种上、在质量要求上，也不可能全都定得十分精确。也就是说，即使是“严格”执行计划，企业也有相当的活动余地。

——企业之间按照调拨计划发送产品，那时有相当具体的组织工作，比如每年年初或前一年年底都要组织交易大会，按照计划，企业之间要签订极其具体的合同，如包括交易的产品品种乃至具体到规格型号、质量要求、供货日期、仓储条件、运输条件、结算价格、结算方式，乃至违约如何处理等。就是在这个计划内的主要部分，企业之间也有相当大的“讨价还价”的空间。至于上不到交易大会的企业，则要派出相当数量的采购员、推销员奔波于全国各地，解决原材料和配件的供应和产品的推销问题。采购人员、推销人员，不少是旧中国企业的留用人员。他们反映，现在是国营经济的人员，有了铁饭碗，但就采购、推销的业务来说，还是熟悉的老一套，要斤斤计较地谈判，给本企业争取更大的利益。

——按计划价格结算，这也属于计划法令，必须严格执行。对于计划价格，我在刚刚知道这个概念时也认为神圣得不得了。在经济正常发展时，计划价格的确得到贯彻，但当经济明显失衡时，情况就有变化了。比如在计划价格之外有协作价，而更多的是变相涨价。比如，一个60吨车皮的煤，装得满和装得不足要差好几吨。装得不足也按60吨计价，也就等于涨价。再如，车床的计划价格定得是很细的，但在供应紧张时，供应方会以原材料短缺为由要求购入方提供铜材等作为供货的条件。在计划外找到铜材是要出高价钱的。这就是说，车床实际是涨价了。

总之，实际情况是，属于国家这个同一所有者的企业，在必须执行国家集中计划的大框架下，实际是具有相当独立性的利益实体。它们要时时处处争取一切有利于完成计划任务的条件，并防止一切可能的损失。完成了计划任务，可以有一定的利润提成。提成的数量，今天看来是极为有限的。但可以用来购置劳动保护用品改善劳动条件，可以自主地修厕所，改善如厕的困难；可以修车棚，使职工的主要交通工具自行车具有较好保护条件；可以发展俱乐部和修建篮球场；更重要的是可以补贴职工食堂，那时，我们在学校工作的人都知道，工厂的食堂比学校的食堂要好得多。

这一切都说明生产资料的商品“外壳”绝不是一个空壳，而是具有商品货币关系真实内容的壳。中国的情况是这样，苏联如何？我通过多渠道了解，基本相同；而且了解到，在初期，苏联走过一段弯路。让国有企业吃大锅饭，即直接规定生产任务，直接规定发货任务，彼此之间不需要算账，结果使经济陷入混乱，受到极大的损失。后来，苏联逐渐摸索出使国有企业成为具有相对独立的利益实体的做法，那时叫“经济核算制”。也许正是苏联的弯路，使我们没有让国有企业简单吃大锅饭。

认识实际生活的过程，可以说用了20世纪50年代近十年的时间。但立足于实际的认识一经确立，剩下的就是如何用学术语言加以表达的问题了。在1959年的《货币信用学（上册）》、1964年的《我国社会主义经济中的货币和货币流通》和1981年的《社会主义财政金融问题》三本书中，我都反复阐述了上述的理解。

这方面的思考，对我自己来说极为重要。在树立如何看待社会主义和如何看待货币银行问题上，似乎有了自己的一些主见。

四 理论困惑之二：人民币与黄金

对于人民币，最初的理论认识，是来源于1948年12月7日的新华社社论——《中国人民银行发行新币》。社论提出了这样的论断：“解放区的货币，从它产生的第一天开始，即与金银完全脱离联系。”最初读到这段文字时，只是觉得写得畅快淋漓，没有任何疑问。

开始讲授货币银行课程，特别是钻进《资本论》之后，问题来了：

马克思论证，任何货币符号都是货币商品（具有内在价值的货币商品，比如金）的代表。

当时，即20世纪50年代，西方国家的流通里倒是早已不存在金、银等货币商品实体了，但美元与黄金挂钩（35美元代表1盎司黄金，或1美元含0.888671克黄金），其他货币，如英镑、法郎等与美元挂钩，明确自己的货币是黄金代表。

苏联宣称，自己的卢布是黄金的代表……

只有人民币，特立独行，说与金银绝了缘，那代表什么呢？说它是小米，是布匹，是商品世界所有品种的综合代表，在马克思那里通不过—— 一般等价物是排他的，是以一把尺子度量并表现千万种商品的价值。要是人民币代表千万种商品，那就是用千万把尺子度量并表现千万种商品的价值，讲不通。

在当时，倒是有“百物本位”说，有“管理本位”说，等等。但这些说法的论述大多非常浅薄，无法解释这样的直接冲突。

最初的一两年，矛盾只是在学校的范围内。不久，中央部委都学《资本论》，中国人民银行的研究人员自然首先碰到这个问题。1954年财政经济出版社出版的由陈仰青等六人合著的《关于人民币的若干理论问题》一书认为：根据马克思的价值学说，根据人民币发行的历史，可以说明人民币是一定贵金属量的代表。

那时，主张人民币是金符号的，都是说到“论断”为止。至于人民币是通过怎样的渠道成为金符号的，以及在当前经济生活里黄金怎样发挥作用等，则没有论述。我们在学校工作的却不能只讲“然”而不讲“所以然”，因为同学总是要提问的。我当时能说清的是：中国的货币符号长期代表银；法币改革，法币与英镑、美元挂钩，转而代表金。然而要把人民币与法币拴在一起，来论证人民币是金符号，总觉得特别别扭。但无论如何，在没有一种强有力的论证思路可以代替马克思所提示的论证思路时，我一直保持人民币是金符号的说法。直到改革开放之初的《社会主义财政金融问题》一书，还设有“人民币与黄金”的题目。至于黄金对流通的影响，我的思路是明确的：从马克思关于流通中货币必要量理论和纸币流通规律推导，已经可以排除在外。

可能是1957年，《经济研究》上发表了一篇文章，基本论点是，“人民币已根本和金或银割断关系”，而且文章强调是以“马克思主义货币理论”为根据。对于人民币是不是货币商品实体代表的争论，我一直没有参与。只是这篇文章把马克思搬了出来，而我实在难以赞同作者对“马克思主义货币理论”的解释，才忍不住写了《人民币是具有内在价值的货币商品的符号》一文，发表于《经济研究》1957年第4期。这篇文章包含两重意思：第一重意思是，如果真正尊重马克思价值论的原意，只能论证出人民币是具有内在价值的货币商品的符号；第二重意思是，在社会主义经济的现实生活中，人们在调节货币流通时可以完全不考虑贵金属而只需考虑市场供求平衡的要求。

文章发表后，由于第一重意思，人们给我戴上了“黄金派”的帽子。对于第二重意思，好像并未引起人们的注意。

我自己倒是有些担心，会不会有人抓政治小辫子。当时，我准备的申辩词应该是这样的：这是严格按照马克思的论述推导的，是否等同于费雪的交易方程式，是你们的分析，与我无关！其实，那个年代，真是要抓小辫子，这样的辩解毫无用处。

然而，坚持说人民币代表黄金，却没有能够同时揭示人民币是通过怎样的渠道成为金符号的，这一时成了我的心病。记不起是怎样的机遇找到苏联一位辈分很高的学者弗·伊·米哈列夫斯基所著的《第二次世界大战后资本主义体系中的黄金》，由于期望从中解决人民币与黄金关系的理论困惑，我决定翻译全书。留苏归来的刘鸿儒夫妇积极推动我组织翻译这本书并译出数章，另有两位中国人民大学的同志参与了部分章节的翻译。1965年，由我统校和定稿的译本，在中国财政经济出版社出版。

实际上，翻译到中间，就发现，它对于解决我们在人民币与黄金问题上的困惑并没有什么帮助。可是，这本书以黄金为主题所展现的西方金融世界的丰富内容以及作者睿智、深刻的见解，强有力地吸引我们完成了全书的翻译。我自己更是从中学到了许多有关黄金实务和理论的知识。

后来，急需回答的问题更是有许许多多，而自己也觉得确实没有能力钻透牛角尖，也就完全放弃了对人民币与黄金这个“古典”问题的探讨努力。

五 理论困惑之三：非现金转账结算是不是货币流通

在马克思生活的时代，金属铸币还在流通，以银行存款为依据的非现金转账结算都视为对流通中货币的节约，而不认为是货币的流通。到了第一次世界大战后，金属铸币退出流通。费雪交易方程式里的货币已经是现钞加上“存款货币”，即已经明确非现金转账同样属于货币流通的组成部分。

苏联延续的是第一次世界大战前的货币理论，其主流观点认为，服务于大额交易的非现金转账不是货币流通。当我们刚刚接触苏联的货币理论时，这已经是板上钉钉的论断。

主要论据是：国有经济内部的产品只具有商品的“外壳”，而非现金转账主要服务于国有经济内部的转账，因而不是货币的流通。前面提到，对待“外壳”论，我的认识是：外壳绝不是一个空壳，而是具有商品货币关系真实内容的壳。相应地，这里的货币也应该是真货币，进一步地说，非现金结算也应视为货币流通。

当时，在论证非现金转账过程中的货币并非真实货币时，还有一个重要理由：企业不论有多少存款，没有计划，也不能随便花用。其实，这是就大的原则来说的。实际上，企业花钱的地方许许多多，大多是计划外的，也有计划内的，都要用存款支付。我们曾向企业了解看法：它们的存款是不是真的钱。企业管钱的人员反映：企业存款就是我们的钱，我们的现款；没有钱，没有现款我们寸步难行，怎么不是真的！

1962年第9期《经济研究》发表了我的一篇文章《银行信贷原则和货币流通》。这篇文章的主题本来是讨论“要控制货币流通，关键在于控制银行信贷规模”。但人们更注意的是我把非现金流转也看作是货币流通的观点：“现金形态的货币流通和银行转账形态的货币流通并不相互排斥，而是紧紧联结在一起并共同构成统一的货币流通。现金量和银行存款量之和，构成整个国民经济中的货币量。”

不久，引出了好些篇文章：有的赞同，有的反对。我的这篇文章和后来发表的有关争论的文章都集中在中国财政经济出版社1964年出版的《社会主义制度下的货币流通问题》一书之中。1981年，中国金融学会在广州召开了首次全国货币理论讨论会，对这一问题基本取得了共识：银行转账应视为货币的流通。遗憾的是我没有参加。

六 理论困惑之四：存款、贷款，哪个在先

我学习商业银行，懂得了存款是银行的负债业务，贷款是银行的资产业务，负债业务是资产业务的基础；同时，也学到了“派生存款”的概念，懂得资产业务的扩大也可反转过来引起负债业务扩大的道理。这是从微观分析角度讲解有关金融业运作的知识，我们在20世纪50年代初从苏联教本学的就是这样的知识。

那时，常常听到银行的同志说，中央领导对于银行信贷计划执行状况的报告很不满意：人家财政的报告，有收入，

有支出，有差额，一听就懂，你们银行的报告，收支永远平衡，听不懂。

信贷计划，资产方是信贷资金运用，在计划经济中主要是放款一种形式，而且基本是短期放款；负债方是信贷资金来源，主要有两项，一是存款，二是现金发行。我第一次讲信贷计划讲砸了的原因就是自己不懂得为什么“放款”必然等于“存款与发行的和”。

静下心来，凭着银行的任何一项业务活动必然表现为“资产”与“负债”一一对应的道理，理清楚“放款”与“存款与发行的和”必然恒等的规律，也不是怎么困难的事。难的倒是对没有领悟“资产”与“负债”这对概念的人们来讲这个论断。往往讲了许久，他们也觉得难以理解。正是因为这个原因，我们总是强调，讲金融学科的教师，必须扎实打好会计的底子和解答随之而来的问题，存款与贷款，负债业务与资产业务，哪个方面是主导的。由于吸收存款、发放贷款这样的微观论断在思想里扎根极深，总觉得基础是负债业务。而且，在《资本论》的第三卷第五篇还找到了马克思的一句论断“存款是基础”。但是，经济要发展，发展经济要求信贷规模相应地扩大。如果单纯强调负债业务，那就是说，现有的负债业务规模就是信贷规模的上限。假如是这样，经济的发展如何能够得到相应扩大的信贷支持呢？看来要换一个角度思考，即把资产业务视为主导方面：从资产业务开始，就可以扩大信贷规模，支持经济发展。而扩大的资产业务同时也会有相应的资金来源——派生存款和现金的发行。

问题是，这样的推论能不能成立？走进实际，我发现中国人民银行信贷管理的操作，实际早就是本着这样的精神进行的。那时我们每年都被邀请参加分行行长会议，与分行行长一起听大报告，一起参加分行行长的小组会。但有一个会是不被邀请参加的，那就是总行把全年计划增长的信贷总额向各个分行分配的小会。开头的一两次我们没有关心这个不邀请我们参加的会议，后来，与分行行长们渐渐熟悉了，才了解到分配给各个分行的是贷款的一个总额度，分行行长如果能够争取到较为宽松的额度，放款工作就会有较大的回旋余地。我们问，对于各分行有没有分配存款的任务，放款如何与存款挂钩。回答十分明确，存款不定任务；对分行来说，贷款规模与存款规模从不挂钩。熟悉业务的分行行长给我们解释，存不存款，银行是被动的；本地发放贷款所形成的存款，可能由于支付贷款等原因很快转到外地，银行无权干涉。而分行行长只要拿到额度分配的一纸文件，就可以实实在在地发放贷款，资产业务的主导性明确无疑。这套管理制度好像是从来如此，只是当我们还没有关注这个问题之前，有好长的时间视而不见，没有去咨询、去了解罢了。

放款业务是主导方面，放款同时带来等额的存款与现金发行，这就是说，存款与现金发行这两者数额的增减由贷款的扩大和收缩所制约。而且应当明确，不仅是现金量，而且是现金量与存款量之和构成整个国民经济中的货币量，那么，直接调节流通中的货币量的就是银行贷款的扩大与收缩。这就是《银行信贷原则与货币流通》的基本观点。

这实际意味着，自己对金融问题的探索已经进入了宏观分析领域。

七　理论困惑之五：什么是“信贷差额”

经过一个一个问题的攻城拔寨，就20世纪60年代初的几年来说，进入宏观金融分析领域，还有一个重大的课题有待突破，那就是怎么解决中央领导对银行信贷计划执行状况的报告很不满意的问题。记不起是银行还是哪个部门提出了“信贷差额”的说法。然而，“差额”指的是什么，说法不一。对于这个问题，我们非常关注，且经常议论。

正是在这样的背景下，中国人民大学财政金融系当年刚刚进入中年的两位教师周升业、侯梦蟾合写了一篇文章《信贷收支差额问题》，破解了这个难题。归纳其主要论述如下：

（1）文章论证，在商品货币经济还存在的条件下，社会产品的流通、分配是通过货币的中介来实现的，而这些作为购买手段和支付手段的货币，包括现金和可用于转账的银行存款，是由银行按信用方式提供出来的。所以，银行放款起着双重的作用：一方面为企业解决流动资金占用的需要；另一方面为经济周转提供货币。

这些由银行投放出去的货币，在银行表现为各种存款和现金发行，与放款的量相对应，作为放款的资金来源，与贷款总量相等。

这里从信用与货币不可分割的规律，论证了信贷资金的运用与信贷资金的来源之间的关系，简明而全面。

（2）文章论证，在银行放款量和作为它的资金来源的数量始终是相等的条件下，信贷收支差额必须从流通中存在的货币量是不是符合经济周转需要的角度来考察。

由银行投放出去的货币，一部分为储存起来的货币，如居民储蓄余额和各项专用基金中当年不动用的部分；另一部分，也是主要部分，是处于流通过程的货币，这包括企业、机关存款、预算先收后支必然存在的存款余额，以及流通中的现金等。这个“处于流通过程的货币”可能与流通中所必要的货币量相符合，也可能大于或小于流通中所必要的货币量。

当处于流通过程的货币与流通中所必要的货币量相符合时，信贷收支平衡，不存在差额问题；当处于流通过程的货币与流通中所必要的货币量不相符合时——在计划经济里，通常是前者大于后者，其超过的数额就是信贷收支差额，即意味着以超过流通所需要的货币来充当放款来源。

（3）文章论证，为了不使信贷收支存在差额从而造成信贷收支的不平衡，在安排计划时就必须把通过放款投放出去的货币之中相当于差额的部分转化为不参加流通的货币。从再生产的角度来看，有的货币是必须不断地从流通中换取商品、物资用于补偿已消耗掉的生产资料和用于生活消费，是不能把它们冻结起来转化为不参加周转的货币的。而可以充当弥补信贷收支差额来源的主要应该由国家预算支配的货币来解决。具体的是要求财政有计划地把由它支配的一部分存款转为银行自有资金，或者是以结余形式保存在银行。

对信贷差额必须由财政弥补的剖析，实际进入了财政信贷综合平衡的领域。

1963年8月26日的《光明日报》，在经济版刊登了这篇文章。由于看到了这篇文章，国务院第五办公室（财贸办公室，简称“五办”）的李成瑞和左春台两位同志造访了中国人民大学财政金融系，说看到《信贷收支差额问题》一文以及我的《银行信贷原则与货币流通》一文，很感兴趣，希望进行交流。实际上，“五办”的副主任段云同志对于这个问题也极为关心。

这篇文章，应该视为财政金融系在20世纪60年代初开拓宏观分析所结出的最为耀眼的结晶！

八　怎样看待价格和工农产品比价剪刀差

在集中精力思考如何破解金融理论困惑并开拓宏观分析的同时，我还一直关注着价格问题。严格地说，是有些“僭越”到经济学的势力范围里了。那时经济学和部门经济学（金融学属于部门经济学）之间的畛域还是比较明显的。

主要有两个方面：

其一，是如何看待社会主义计划经济里的价格。

那时，颇为流行的看法是，在社会主义，必须使价格基本符合价值。

从现实经济生活来看，价格背离价值的幅度是较大的。当时，工业各部门的工资盈利率差距很大。如果承认劳动是创造价值的唯一源泉，在存在着巨大的工资盈利率差距时，说价格符合价值是不成立的。就工农比价看，中华人民共和国成立以后，工农产品价格的剪刀差是大大缩小了，通常的说法是工农产品比价已缩小到"二战"前水平。但"二战"前是否没有剪刀差呢？在当时半殖民地半封建社会中，小农正是被剥削的主要对象，说没有剪刀差，甚或说剪刀差很小，都难以成立。

从另一个角度考虑，我国接受的是资本主义经济里的价格体系，是围绕着生产价格波动的价格体系，是先进资本主义国家掠夺殖民地、半殖民地，城市剥削农村和重工业从其他工业部门中收取贡赋的价格体系。这个体系的形成过程就是从资本主义原始积累时期算起也经历了好几百年。对于这样一个复杂的体系，不可能在社会主义革命后的一个短暂时期得以彻底改变。

我当时做了这样的推导：在整个社会主义阶段内，各种产品的价格依以波动的中线是一条从生产价格逐步地、不断地向价值趋近的线。但这是一个长期的过程。实际上，定价的现实途径只能是：①承认现有的价格体系是定价的现实起点；②根据客观生产条件和生产关系的变化进行逐步的调整。

对于在一定的计划阶段内保持价格总水平和各种比价不变，我的认识是：这是社会主义经济的优越性，比如稳定的价格水平和工农产品比价利于正确处理工农之间的关系；稳定的粮食作物同经济作物的比价利于正确处理农民内部相互之间的关系；稳定的消费品价格水平利于结合工资政策正确处理国家同职工的关系；稳定的生产资料价格利于正确处理国有经济各部门、各单位以及各地区的相互之间的关系；等等。但不变只能从一定的计划阶段来说。客观条件变化了，首先比价就不得不调整，否则原来曾促使人们发挥积极性的价格就会变成阻碍人们发挥积极性的因素。由于比价的变动，总水平发生些许的升降也是不可避免的。

作为理论论断，我的概括是：价格是生产关系的体现，价格合理与否的尺度并不在于它是否符合价值，而在于它是否能满足生产关系对价值通过价格再分配的客观要求。

这些认识，我自己认为是立足于实践的认识，对我后来考虑价格和有关的经济问题打下了较为实际的基础。

那时，我认为工业品具有降价的可能性，后来认识到，这全然是脱离生活的抽象推导，不能成立。

其二，是对工农产品价格剪刀差的具体研究。

上面提到，那时有一个说法是工农产品比价已缩小到“二战”前水平，从而剪刀差好像已不存在了。我曾从逻辑上推论，这个判断不能成立。然而，仅仅是推论，似乎没有说服力，所以我很想对实际统计资料做一番考察，看一看1930—1936年间到底是否存在着剪刀差。如的确不存在，这个1958年已无剪刀差的论断当然成立；如存在，这一论断就不攻自破了。但是“文化大革命”前，一直没有挤出时间。直到“文化大革命”期间，竟然给了我良机。1972年年底，中国人民大学在江西余江县农村中的“五七干校”结束了，全体“五七战士”又返回到两年前曾被明确告知不要存有半点返回幻想的北京校址。那时，本来什么事也不干，只是天天在家买菜，做饭，做点木工活，或躺在床上看屋顶，倒也是没受到什么批判的。然而知识分子的“劣根性”让我们对于如此的悠闲却并不感到舒服。于是一度成为“五七战士”

的教师们又都重操旧业，找个题目，做点研究。我当时既非“革命对象”，但又没有资格同“革命群众”共同活动，所以只好自己找个题目单干。于是想到了剪刀差。

方法基本是把1949年前后一些单位和研究者整理过的物价资料加以汇集，并做一些粗略的加工和分析。最早的一份是1800—1850年直隶宁津县乡镇物价的资料，截止时间是中华人民共和国成立之后。1973年左右，我编了24个表，画了18张比价图，并写了对表和图的总说明。

总的概念：剪刀差问题应始于鸦片战争后的五口通商。尔后时起时伏，总的趋势是逐步扩大。至于我最关注的1930—1936年间，资料说明，不仅存在着工农产品价格的剪刀差，而且还是剪刀差的高峰期。这个收获可以说已经达到了最初为这个课题所确定的目标。然而，应该说更大的收获还在于：我开始意识到工农产品比价问题之中包含着非常丰富的内容，我们所涉猎的部分也许只不过是其皮毛而已。

不久，由于我懂点古文，被分派去北京经济学院评注法家文献，于是这份稿子就被搁置起来了。后来也没有能够继续下去。

20世纪80年代初，我在同志们的建议下写了一篇摘要文章《旧中国工农产品价格剪刀差》，编入《农产品成本与价格论文集》（中国社会科学出版社1983年版）。1990年，在殷众同志的关心和支持下，全稿以《工农产品比价剪刀差》为书名，由中国社会科学出版社出版。

九 《社会主义财政金融问题》——第二阶段的总结

“文化大革命”硬生生地打断了学术探索的进程。重新开始，已是1977年、1978年之交。“文化大革命”时被停办的中国人民大学开始复校，财政金融专业也恢复独立系的建制。

我所在的教学研究群体，在被剥夺了教书育人权利并经历了“文化大革命”的十年看不清光明前景的岁月之后，在重新聚首之际，不约而同地表达了一个意愿：十几年前大家有一个设想，即编写一本既包括财政也包括货币银行等知识的教材，现在应该立即开始行动，使之实现。

讲财政课和货币信用课的教师，在建校开初的几年，各自钻进本门学科，相互之间极少交流。随着对本门学科理解的逐步深入，他们渐渐认识到，掌握这两门学科之间的相互联系极为重要。特别是经历了1958年的“大跃进”及其前后的经济变故，更加重视彼此交流研究心得。20世纪60年代最初的几年，宏观分析，特别是反映财政领域与金融领域本质联系的综合平衡问题，成为大家共同关注的理论热点。《信贷收支差额问题》一文的两位作者就是分属当时的两个教研室。

最初，参加讨论编写计划的几乎包括教研室的全体教师，后来定下由陈共、侯梦蟾、周升业、韩英杰和我5个人执笔，由我负责统编。

全书的设计，可以说完全摆脱了中华人民共和国成立后有关教材的苏联模式。而且，立足于中国土地的准则，始终贯彻全书。不脱离中国实际的背景，传播不分国界的先进科学知识——这个准则的明确坚持，应该说是从这本教材开始的。

经过两年多的努力，《社会主义财政金融问题》于1981年由中国人民大学出版社出版。就其内容来说，有一些改革开放最初一两年新发展的知识，但就总体来看，基本上是“文化大革命”之前在教学和科学研究中所积累的学术成果。所以，这本书应该视为我们这个教学群体的第二阶段，也就是开始独立思考，真正立足中国实际，并开拓宏观分析探索之后这个阶段的总结性成果。

在改革开放之初，由中国人自己为财经等相关专业提供的较为全面的财政金融问题的教材，这本《社会主义财政金融问题》是最早的，也是唯一的一本。在改革开放推动经济学界普遍关注财政金融问题的背景下，一些政治经济学的教授，如谷书堂、曾启贤、徐禾等，都对这本书给予了积极的评价。

这本书实际包括货币与价格、资金与企业理财、财政、金融、综合平衡等5部分。我们也考虑过，包括在体系内的还应该有“居民货币收支”和“对外金融”两个部分。但是过去缺乏理论研究储备，写不出来，只好暂缺。我们当时的认识是：七个方面相互之间的紧密联系是客观存在的，完全可以统一在一门学科之内；也许可以这样说，正是基于这样的理解，我们才编写这样一本书。问题是，这门学科的“对象”应该如何界定？如何概括？在作者为本书写的“说明”里，我们老老实实地写了一大段文字来解说我们回答不出来的问题。后来，由于没有机会再积聚力量对本书进行再提高，于是对“对象”的界定一放就是几十年。

这个问题，今天或许可以给予回答。在商品货币关系中，经济体一分为二：实体面和货币面。实体面有对应的种种学问；货币面也有对应的种种学问。就货币面来说，首先是货币学（货币经济学），这是从经济学分出的一支，主要研究货币本身的理论问题。往下延伸，有货币银行金融市场经济学（金融学）、金融机构学、商学院的金融学、财政学、税收学、保险学、公司理财（公司金融）、个人预算和理财、国际金融。再往下延伸，还有金融工程等数不清的学科。但总的来说，所有学科都挂靠在货币这个主干上，是货币运动的延伸。学科的发展趋势实际是下伸，但是越往下伸，就越发有必要回过头来，给货币面的总体建立一门学问，以说明这个面的基本规律以及辖区里林林总总各门学科的相互联系。我们写《社会主义财政金融问题》，朦朦胧胧想要建立的应该就是这样一门学问。

现在世界各大学的教程里，好像还从来没有这样一门课。有没有专著，也不清楚，但总会有人思考这样的问题。至于起个什么名字，要是用中国字，啰唆点，称之为“与金钱有关的学问”或许是一个选择。

在大学里讲不讲这门学问是一回事，但这门学问必须思考，必须研究，则是确定无疑的。实际上，“不脱离实体经济，服务于实体经济”就是其中一条最重要的原理，全世界已经讲了许久许久。

肆

为改革献策，为引进助力，致力学术建树

一 “纵一苇之所如，凌万顷之茫然”

就我自己的学术经历来说，改革开放后的20多年，即1978年年底到20世纪末，应视为第三阶段。20世纪50年代初，是我对金融学从毫无所知到开始入门的几年，那时的“苦读”强度是一生的顶端。但任务单一，没有什么波澜。到“文化大革命”为止的第二阶段，有独立思考，有深入实际，学术生涯的内容丰富了，但对象单一：单一的集中计划体制和与之相对应的单一社会观和单一经济观，总的感觉好像是在稳定的框架里、稳定的轨道上行进……

进入改革开放进程之中的第三阶段情况大变。

从全局说，从以阶级斗争为纲转换为以经济建设为中心，从限制价值规律，到采纳市场调节，从怕提市场经济到把社会主义市场经济写进党中央决议、写进宪法。改革开放有波折，有进退，但人人意识到大趋势已经不可逆转。在这个总的大背景下，就专业，就学术，主要受到两个方面的持续冲击。

一是改革不断提出课题：是如何入手、如何突破、如何推进的课题，是面对纷纭的议论，不辨明就无法行动的课题。主战场是经济，课题大都集中在经济决策的领域。而在现代经济中，即使是计划经济，也离不开财政金融，从而绝大部分改革课题都要求金融学的教学研究人士，来探索，来回答。就我自己的经历来说，改革开放开始的这20多年，自己一直处于经济改革课题时时摆在面前，被督促表态、被督促回答，为此，不能不思索、不能不论证的状态。

二是西方学术成果的迅速涌入。记得最初是系统论、信息论、控制论的冲击：一时之间内容还没有搞清楚，但新的词语却时时挂在口头之上。就经济学领域，有中国人民大学高鸿业教授翻译的萨缪尔森的《经济学》，有我们财政金融系王传纶教授主持翻译出版的《货币银行学》。那时，西方经济学的名家，域外学而成名的华人学者，纷纷来华讲学。尔后有宏观经济理论和宏观政策的传播；有对货币学派、理性预期学派、供给学派的热议；在货币政策方面，国外单目标和双目标之争、中央银行独立性之争、“规则”还是“相机抉择”之争等，也反映在国内。1990年金融经济学几位美国大师获得经济学诺贝尔奖和随后海外学子带回国外商学院的“金融学”，更使得“金融”炙手可热。如此等等，源源涌来。是真学问，必须尽快掌握；被蒙混，也要以极快的速度辨清真伪；自己有的真学不懂，那就要尽快求教于方家。而那时，单纯害怕学习西方学问的舆论还很强势，又必须时时解释学习外来学问的必要性。

改革的课题也好，国外的学问也罢，是压力更是动力，从中带来的是学术上的成长，是学术上的收获。那时的氛围对于学术界来说有波澜，但不是惊涛骇浪；不总是风和日丽，但绝不是苦雨凄风。生活很充实，回忆起来总有无限的留恋。最近偶然读了苏轼的《前赤壁赋》，觉得有一段，从氛围，从心境，颇能近似地描绘那一段的岁月：“纵一苇之所如，凌万顷之茫然。浩浩乎如冯虚御风，而不知其所止；飘飘乎如遗世独立，羽化而登仙。”

二 “徐徐上涨”

自己能够在学术界最高层次的圈子里参加改革课题的议论，源于一篇文章。

1979年初，在无锡召开全国计划和市场问题讨论会。那时，我还没有资格被列入邀请与会的名单。是中国人民大学参会的同志让我写篇文章，以便多带几篇文章参会，壮壮行色。

没想到，我赶写出来的《谈谈我们的物价方针兼及通货膨胀问题》在会上引起了反响：赞扬者有之，反对意见也颇激烈。特别是一些故旧，怕我在政治上栽跟头，会后都关心地问“你怎么主张通货膨胀来了”。《中国社会科学院简报》《经济研究参考资料》《〈中国社会科学〉杂志讨论稿》等相继转发了这篇文章。

当时的背景是：要引入商品经济的原则，改革不合理的价格体系和价格管理体制成为摆在第一位的课题。首先就是提高农产品收购价格。其实，就是不改革，过低的农产品收购价格也迫切需要提高。要提高农产品收购价格，就要相应提高城市工薪收入者的工资水平，从而就会推动工业品价格提高，如此势必推动总的价格水平上涨。怎么办？

多年的观念是，保持物价水平基本稳定是最高的原则。不少人反复告诫，松一个小口，物价就会累进上涨，形成无法控制的恶性通货膨胀。如果严格遵照这样的主张，不合理的价格体系和价格管理体制就无法更动，改革也就无从谈起。

我的这篇文章，开宗明义："物价水平平稳地、小百分比地上升是可行的、有益的，也是难免的。"

具体来说：①价格改革必须推进，否则任何经济改革均无法推进；②价格改革必然会引起物价水平的上升；③物价水平的上升不一定是绝对的坏事，而单纯长期把物价基本稳定在一个水平的路子却是失大于得；④在当今的世界中物价水平上涨是普遍现象，但物价的上涨与生活的改善可以并存，较小的物价上涨率同较快的国民经济发展速度可以并存；⑤作为长期的物价方针，应允许物价水平平稳地、小幅度地逐步提高；⑥我们的经济里实际存在着通货膨胀，因而价格改革必须与克服通货膨胀统筹考虑。

由于文章里把允许物价水平平稳地、小幅度地逐步提高，概括为可允许"徐徐上涨"，以至"徐徐上涨"后来成为我的绰号。

那时有条政策，在一些讨论会上，要吸收持有不同意见的专家学者参加。就是这篇文章，就是这条政策，我首先被吸收到国家物价局主管的中国物价学会，成为常务理事。随后则不断收到与会的邀请。我曾自嘲："它成为我进入经济学界高层圈圈的敲门砖！"

实际上，在改革和不准物价上升之间，当时的决策层已经作出选择：改革，首先是价格改革，必须推进！所以，我主张允许物价水平徐徐上涨并不触动政治的底线。倒是文章说我们这里有通货膨胀，则直接违反了宣传口径——按照宣传口径，"社会主义没有通货膨胀"。在会议的内部文件上写写可以，但不能公开发表。

已经记不起不准提我们国家存在通货膨胀的禁忌是何时解除的。至少，在1980年年底还没有开禁。我的《谈谈我们的物价方针兼及通货膨胀问题》一文，《中国社会科学》试刊号曾打算刊登。其之所以没有刊登，倒不是允许物价水平有所提高的主张，而是文章说中国有通货膨胀。经过一年多的联系，他们提出了刊登这篇文章的三个条件。第一，改题，在题目中去掉通货膨胀字样；第二，小标题只列一二三四，取消文字，这样第六节小标题中的通货膨胀字样即可删掉；第三，第六节第二段有一句话，“……我们的现实……就是存在着通货膨胀……”，设法改为既不妨碍文义又可把“通货膨胀”一词去掉的表述。在我完全接受了这三个条件之后，到1980年年底，这篇文章才以《试论物价的若干问题》为题刊登在该刊的第6期。

三　对通货膨胀的后续研究

在我们国家的经济里，之所以产生通货膨胀，认识几乎是一致的：根源在于积累比例过高。但总的说来，缺乏系统分析。

1979年年底的一段期间，我写了《积累增长速度和物价水平》一文。全文是从宏观角度，就最基本的四个宏观变量——劳动生产率、积累、消费和物价水平来论证为什么积累比例过高必然导致通货膨胀。

方法是用代数符号推导，推导出来的基本函数式如下：

$$P_1 = \frac{w_1}{(1+r)\,g_0 - M_1 m_0}$$

其中，P代表物价水平，w代表货币工资，r代表劳动生产率增长速度，g代表产值，M代表实际积累，m代表货币积累，下标0和1分别代表基期和计划期。

全文的文字结论是：在劳动生产率提高有其限度而劳动者的货币收入又很难压低的条件下，要使国民收入的分配既照顾到当前利益，又照顾到长远利益，绝对不允许对物价水平有所触动是不可能的。

这篇文章，在认识价格水平长期承受上涨压力的原因方面，是具有基础意义的研究。但由于全文是用代数方法推导，在当时不怎么入流，关注的人不多。自己的数学水平本来就低，在写作中着实花费了较大气力。花了力气，效果不大，无人赞同，也无人批判，颇感寂寞。《财贸经济》杂志1980年第1期刊登了这篇文章，但代数符号错误极多，1980年第4期又全文重新刊登。

1979年12月，我在中国金融学会的一次学术交流会上，以《有关“目前货币过多”的几个问题》为题发言，与会者颇感兴趣。原南开大学石玉符老教授认为我没有点出通货膨胀，说明思想还不够“解放”。随后不久，我把这次发言展开成文——《谈谈当前的通货膨胀问题》。这篇文字应是对自己那一阶段的思路最为系统的整理。

文章是从澄清概念开始的。其中特别强调流通中的货币不只是现金，还包括银行存款。然后，论述了通货膨胀是多年积累下来的问题，必须正视。关于通货膨胀的根源——积累比例过大，我指出，国民经济计划的制定，都是先定速度、定基本建设项目，这样的做法为过大的积累比例安排提供了保证。

对于由此造成的事实上的赤字财政和信用欠账，当时社会上多有分析，但多是片段分析，而且颇有冲突。在这篇文章中，我做了系统的概括。

文章的结论是：在片面强调积累、速度的指导思想下，通过增大用于积累的货币投放，使流通中的通货总额加大，从而使名义上不能压低的用于消费的货币购买力或有所贬值，或部分不能实现，从而实现压低消费在国民收入中的份额和增大积累份额的目标。这就是说，在我们这里所存在的通货膨胀，绝不是一种偶然的工作疏忽，而是方针政策的产物。

文章刊登在中国金融学会内部刊物《金融研究动态》总第87期上。据说，收到我的稿子后，《金融研究动态》的工作人员给正在外地的金融学会负责人孙及民同志打电话，问黄达直接提出"通货膨胀"怎么办。当时流传着孙及民颇有特色的回答：黄达文责自负，你们嘀咕什么！

1980年年初，国家计划委员会一位工作人员给中央领导写了一封信，指出通货膨胀严重，提出了把通货膨胀率降到2%以下的政策建议，并把2%视为最优通货膨胀率。就这个问题，2月上旬，国务院财贸小组召集了当时经济学界和业界三十多位知名人士进行讨论。会上我做过一次发言，率直地表达了自己的观点：社会主义与通货膨胀不能相容的论断不能成立，并且指出财政实际存在赤字，而银行的“存贷两旺”实质存在着“信用膨胀”的成分。我记得很清楚，财政部、中国人民银行都有领导参加。对于我的分析，银行当时的领导成员，明确表示不能赞同。

1980年4月，国家计划委员会召开“长期规划座谈会”，我以中国人民大学教授的身份参加并在中南大区组做了发言。主要是阐明过去的财力保证中一直有虚假部分，从而引起通货膨胀；并指出，消费要提高，积累又一时压不下来，真实的财力保证不了，则必然会继续出现虚假的财力保证。我的这次发言，给当时的计划部门留下了印象。

四　信用膨胀

1980年，“信用膨胀”一词受到关注。中国人民银行的同志比较敏感，注意到政府的一份文件中出现了“信用膨胀”字样。1980年11月底，中国金融学会与社科院财贸所在苏州共同召开一次小型的银行作用理论座谈会，本来是讨论“银行作用”，但面对信用膨胀这个敏感题目，焦点随即转到信用膨胀。

自从建立计划经济体制以来，财政一直在货币分配中占有绝对主导地位，而银行信贷只是个配角。然而，改革开放使得这样的格局迅速发生了变化。

1977年，财政收入增加了，银行的工作开始有了生气。特别是领导提出必须“重视”银行之后，银行工作者的情绪日益高涨。到了1978年年底，财政一结算，中央有了四十几个亿的赤字。而且紧跟着，农产品要提价，工资要调整，加上借的外资要还本付息，到了1979年年中就开始向银行借款了。可是那一年，银行存款和贷款的增长都很快。所以，年终有了“存贷两旺”的提法。财政困难得不得了，而银行极为乐观，中央领导同志明确，银行可以拿钱支持财政。这样，压力就逐渐转向银行。

许多人开始怀疑，银行的力量是否真的可以平衡财政收支的缺口？于是，财政信贷综合平衡的分析框架很快受到重视。

在我们国家，从财政信贷综合平衡角度探讨市场供需平衡的机制，通常是从1953年说起。那年出现了明显的市场供需失衡，当时总结，原因是动用了财政结余，并得出了今后财政结余不得动用的论断。1956年，市场又出现了供需再度紧张的状况，当时，陈云同志写了《建设规模要和国力相适应》一文，随后是比我老一辈的同志们提出财政收支平衡、信贷收支平衡和物资供求平衡的“三平”理论。这时，我们财政金融系的团队还是处于现实生活圈子之外的教书青年，没有资格参与讨论。进入20世纪60年代，我们这个群体进入了探索这一理论的中心，明确银行贷款的扩大与收缩直接调节着流通中的货币量；当贷款的投放使得流通中的货币量大于流通所必要的货币量时，意味着存在信贷收支差额；而弥补信贷收支差额，则应该由国家预算支配的货币来解决。

在1979年和1980年之交，我明确了两个紧密关联的问题：一是财政过去年份的平衡、结余，有虚假成分——主要是从经济实质上分析有虚假，而不是说造假账；二是银行的“存贷两旺”有改革开放所决定的必然性，但也存在过度投放和弥补财政亏空的信用膨胀。也就是说，由于改革开放，造成不平衡的决定因素已经不再是财政一家，而是财政和银行两家。

也就是在这样的背景下，“信用膨胀”这个词出现了。于是，它成为苏州会议上讨论的主题。

讨论会开始，大家都问这个词是谁提出来的。有人说，在评论1958年“大跃进”时曾有人使用过这个词；也有人说，年初国务院财贸小组组织的那次会议上是我首次使用了这个词，但我一时也回忆不起是不是这样。不管怎样，大家确是认认真真地讨论：信用膨胀这个词应该怎样界定，到底有没有产生信用膨胀的危险，是否信用膨胀已经存在，信用膨胀发生了可怕不可怕，它的数量应该怎样计算，等等。

这确是一次小会，与会者也就三四十人。但当时金融的学界和业界，比较知名的人士都到了。会上，大家公认的银行老一辈的理论家陈穆同志做了关于三十年来信用膨胀发展变化的分析，我印象极深。我在会上也就应该怎样界定信用膨胀等问题做了发言。我所作发言的记录稿是在2010年编辑《黄达文集（再续）》时找到的，时间已经过了30年。

会后，我在上海金融学会组织的报告会上做了一次讲演，其中专门讲了“信用膨胀”这个范畴应该如何理解的问题。这是我正面讲信用膨胀问题的开始。

回到北京，我立即做了两件事。一是查《资本论》，有没有“信用膨胀”这个词。不仅没有“信用膨胀”，也没有

“通货膨胀”，因为通货膨胀这个词在19世纪还没有出现。二是澄清与西方文字的对应问题。翻译为“通货膨胀”的原文是inflation。只看译文的人，往往把inflation这个单一的词理解为“通货＋膨胀”的词组，于是乎好像用“信用”替换“通货”，这个词就成立了。假如采用这样的思路，译成西文，那就是credit inflation。但是，没有看到西方学者使用这个词组。

随后，我集中精力思考如何写出一篇文章，以最为简明的模型来界定信用膨胀。1981年春写出了稿子，中国人民银行总行当时的副行长刘鸿儒曾指示打印供行内参考。同时，我请周升业同志审阅，他完全赞同并提出修改意见。最后以我们两人的名义向《经济研究》投稿。该文在《经济研究》1981年第11期以《什么是信用膨胀？它是怎样引起的？》为题发表。

简单概括这篇文章的内容：

（1）计划经济开始允许向商品经济原则转化；全国仍是一家银行，即中国人民银行；银行的主要业务是发放用以实现商品物资流转的短期贷款。

（2）基本理论：贷款的发放同时意味着向流通中投放货币。

（3）设短期贷款的数量为L，则向流通投入的货币量也应为L。但投入流通的货币有一部分由于种种原因转化为不流动的，如居民储蓄，如不动用的财政结余，等等。设不动用的货币比例为r，则不断流动的货币，也就是货币供给，是$L(1-r)$。

短期贷款的发放是以等值的“物资”为保证的，从而物资保证的量也是L。物资保证同样也会一分为二。主要部分，是可以及时投入流通或经过短期加工、运送即可投入流通的商品物资，它们会形成对货币的需求。但也总会由于种种原因，作为贷款对象的商品物资中的一部分，如用于增加长期后备的商品物资，却进入并不现实流通，也就是不会形成对货币需求的状态。设这后一部分的比例为 i，则短期贷款对象所形成的货币需求是$L(1-i)$。

（4）产生了$L(1-r)$与$L(1-i)$的对比。如果用 M_s表示货币供给，用M_d表示货币需求，则：

当$r=i$，即$L(1-r)=L(1-i)$时，M_s与M_d相适应；

当$r>i$，即$L(1-r)<L(1-i)$时，$M_s<M_d$；

当$r<i$，即$L(1-r)>L(1-i)$时，$M_s>M_d$。

（5）在实际生活中，短期贷款里有的实际没有物资保证；同时，与短期贷款并存的还有长期贷款。把这些因素加进去，也就是说，r的值会增大。但代数式不变，最后还会形成这样的三种对比。

（6）要保持货币供求的总体平衡，按照财政信贷综合平衡的要求，当$r=i$时，财政的理想状态应是收支平衡；当$r>i$时，财政可以安排相当于$L(1-i)-L(1-r)$数额的赤字；而当$r<i$时，那就是把财政收入中的相应金额，或是通过向银行增拨信贷基金，或是通过减少支出扩大结余的方式等，使之变成不流动的货币。

（7）如果财政不能在$r<i$时，使相当于$L(1-r)-L(1-i)$数额的货币变成不流动的货币，则意味着信用膨胀的出现。

财政信贷综合平衡大理论里面的信用膨胀问题，竟然就这么简单地讲完了——既讲了概念和形成的过程，也描述了它的数量规模。

剖析信贷问题，在经济学中往往使人有走入迷宫的感觉，而多年来用于分析这一问题的传统思路似乎又很难把人领出迷宫。如果说20世纪60年代我们确立了剖析信贷资金供求问题必须从货币流通角度入手的正确思路是始点，但接下来，在不断对其进行大量的文字分析的过程中，总有一种好像是就要走出迷宫，而又没有全然走出迷宫的感觉。直到这篇文章能够用几个代数符号使之模型化，则是打开了走出迷宫最为关键的一把锁。

至于我到底在什么时候提出过信用膨胀这个词，倒是这次翻阅当时的文章时，才看到在《谈谈我们的物价方针兼及通货膨胀问题》一文里用过，在《谈谈当前的通货膨胀问题》一文里用过，在1980年年初国务院财贸小组召集的讨论会上说过。不过，在1979年、1980年之交，我的头脑里，它还不是一个稳定的学术概念，随说随忘，自己也没有牢固的印象。

五　需要不断运用财政信贷综合平衡分析框架剖析经济形势

1980年年底，人们对经济形势的估计相当严峻：继1979年出现了前所未有的170亿元财政赤字之后，1980年的赤字又达120亿元，同时物价水平上升6%。于是强调调整，决定实施强紧缩政策。但决策仓促，很快使经济处于难以运转的状态。春夏之交，又紧急明确了调整中也要保持一定速度的方针。

这不到半年的急剧变化，使决策层懂得了：1949年之初制止通货膨胀时期、1953年商业库存急剧降低时期、20世纪60年代的三年困难时期，曾行之有效的“强紧缩”政策，在改革开放的新的历史阶段，已经不能凭主观意志强行采用。

要保持一定的速度，所需资金从何而来？

一时之间，献策纷纷。最强势的说法是，资金遍地皆是，关键在于会不会把资金“集中”起来。这实际是社会底层多少年前流行的北京城、上海滩、天津卫等大都会遍地是黄金，看你会不会捡这类民间喜歌的翻版。不久发展为“生财、聚财、用财的三财之道”。把“生财”放在首位，跳出了喜歌的境地，但如何“生财”，议论大多流于空泛。

应该说更多的是寄希望于银行信贷。直接的则是打银行里居民储蓄的主意，比如说某位经济学家经过精确计算发现，储蓄的一半可用于建设，等等。

打居民储蓄的主意，其实也不新鲜。在1958年，那时的居民储蓄虽然不多，但也有一定数量。与此同时，还有相当数量的工会会费存款、党费存款、中苏友好协会会员会费存款。有人认为这些存款长期趴在银行账户上，可以据以扩大贷款。从综合平衡的框架分析，这些存款不动用，正是保证货币投放不超出流通中货币需求的关键机制。如果让它们动用起来，则必然造成货币供给过多。在1958年，我还不懂综合平衡的分析框架。倒是当时银行的分行行长们极为明确地反对这种主张。他们说，这些不动用的存款，我们已经作为资金来源据以发放了贷款。那时的分行行长们都是工农老干部，谈不上有多高的文化水平和理论素养，但他们在实践中把握了银行的运作规律。后来，当自己逐渐懂得了综合平衡分析框架之际，想起“大跃进”时期的那些银行分行行长，崇敬之情总会油然而生。

1982年曾一度出现消费品供求矛盾减小的趋向。但在由此出现的乐观气氛中，固定资产投资规模猛增并直接造成生产资料市场的紧张局面。而生产资料市场的紧张，又带动了物资供求平衡的全面紧张。这样的趋势在1983年继续发展。

1983年3月，国务院经济研究中心时任常务干事的徐雪寒同志提出，由我主持，组织财政部和中国人民银行的专家剖析建设资金问题的症结并提出政策建议。徐雪寒同志之所以提出这个建议，不仅仅是对于我那时论证的财政信贷综合平衡分析框架感兴趣，更主要的应是出于以下考虑。

就当时来说，真正能就建设资金问题讲出些道理的，主要是财政部和中国人民银行主管计划和研究的人士；此外则是像国家计委等少数几个经济综合部门的少数有关人士。但这些人士在政府部门组织的会议上，往往专注于分辨部门工作的是非曲直，不太容易进行心平气和的道理分析。所以徐雪寒同志就想委托中国人民大学组织有关单位协作和研究，以期可以得到超脱于一些分析的意见。

为了实施委托的课题，先在春夏之交，于南京紫金山麓的一处招待所召开了一次小型研讨会。主要是请财政部门的同志阐述对这个问题的分析。参加的人士，有财政部的许毅、左春台、李海、金鑫、项怀诚，中国人民银行的杨培新、赵海宽，北京大学的曹凤岐，中国人民大学除我之外有周升业、韩英杰、袁振宇等。徐雪寒同志主持了会议开始的一段，尔后交给我主持。与会者大多做了系统的发言，阐明自己的观点，不同观点颇有交锋。随后数月，就这个课题本身的推进来说好像无具体活动，具体原因已回忆不起。后经徐雪寒同志的一再督促，12月下旬，在国务院的一间会议室又召开了一次会议，由中国人民银行的杨哲省同志系统阐明中国人民银行的分析观点。我们的研究报告文稿则是在1984年元月初上交给国务院经济研究中心。

1984年2月，国务院经济研究中心以《关于加强财政信贷综合平衡的意见》这个题目用“国务院经济研究中心材料（1984）”发文。正文前加有国务院经济研究中心的按语：

如何使经济发展建立在财政信贷资金和物力的综合平衡上，这是当前我国宏观经济决策中必须解决的问题。本题系经济研究中心委托中国人民大学组织有关单位协作研究，在黄达教授主持下写成。《意见》中的基本观点，值得注意。现将《意见》印发，供大家研究参考。

参与这个项目的中国人民大学的同志，在这期间多次讨论了这个课题，并共同确定了研究报告的基本思路。研究报告的起草，由韩英杰同志负责，他提供了一个草稿框架；具体执笔的是袁振羽同志。

当时，国家关于大政方针的提法是“实现国民经济的健康稳定发展和财政经济状况的根本好转”。中国人民大学的研究报告，就是以之为出发点，力求综合各有关方面的分析思路，并遵循财政信贷综合平衡框架写出来的。

第一，报告以经过有关方面推敲过的数字说明：财政收入占国民收入的比重逐年下降并连年出现赤字，而且实际的财政赤字比账面数字要大得多。在理清财政渠道和信贷渠道相互交错关系的基础上，指出财政上的收支差额靠的是信贷资金来弥补。同时，根据经济发展的需要，银行还承担了一部分固定资产投资的任务。这样，银行所承担的资金供应任务事实上已经超过了银行信贷资金的承受能力，表现为贷款过多所引起的现金的过量发行和存款的虚增。票子发多了，大家都很敏感。但从当前信贷方面的问题看，膨胀性存款的存在更值得注意。今后，财政信贷综合平衡的缺口还有继续发展的趋势。

第二，同样以经过有关方面推敲过的数字论证：财政信贷综合平衡方面存在问题，主要在于固定资产投资规模过大。特别是在改革开放后消费基金增长明显加快的情况下，并没有严格控制住固定资产的投资规模，于是不能不出现积累加消费的货币超额分配的情况。这种超额分配在财政上表现为赤字，在银行信贷上则表现为信用膨胀，在购买力和物资供应的关系上，就是供不应求。于是影响对重点建设的保证；影响经济效益的提高；影响体制改革。

结论是：要保持经济的健康稳定发展，实现财政经济状况的根本好转，必须采取有效的措施，尽快缩小财政收支、信贷收支的差额，建立财政收支、信贷收支稳固、持久的平衡。在计划确定下来后，财政上不得扩大收支差额从而增加向银行的透支和借款，银行则应严格控制贷款的总规模，特别是固定资产投资性质的贷款规模。当前的突出问题是避免以信用膨胀办法弥补财政赤字、搞建设。

这个项目及其研究报告的书写，对于我们进一步深入了解实际和检查我们的财政信贷综合平衡分析框架都有很大帮助。

六 《财政信贷综合平衡导论》

1983年，对于我的学术生涯来说，应是具有关键意义的一年。在这一年的上半年，我开始对自己有关财政信贷综合平衡分析框架的思考进行系统整理。1983年入夏直至暑假期间，我全力投入写作。然而，正在写作高潮之际，我突然被调到校部任副校长，有关的行政活动占据了我的时间，使得写作戛然而止。我赶紧将已经写出来的部分打印成册，起名叫《财政信贷综合平衡的再探索》。在以后的半年多的时间里，我几次想续写下去，但总是集中不了注意力，也没有思路，更谈不上写作的灵感和激情了。于是到年底，我决定把打印稿稍加整理，并请中国金融出版社帮忙出版。书名定为《财政信贷综合平衡导论》（简称《导论》），1984年11月出版发行。

有关财政信贷综合平衡分析框架的思考，前面提到，是开始于20世纪60年代最初的几年。改革开放，自然要拾起这个课题。始点是《社会主义财政金融问题》的第5篇《综合平衡》。这篇由韩英杰同志分工负责。在赶稿的过程中，我作为主编，一方面与韩英杰同志敲定全篇设计，另一方面则边统编韩英杰同志已写出的初稿，边就未写出的部分交换意见，并由我直接动笔赶稿。其中的第八十八节《不断流动的货币长河》，是我之前根据“系统论”的要求对我们国家实际货币运动的描述；第八十九节《设一个例子描绘国民经济》，则是根据韩英杰同志的设计思想，由我帮忙，以“丁”字账户的形式描述了经济中货币与物资相互对流的全过程。这两章主要是如实地“描述”，但却是我们得以不脱离实际地对经济过程进行分析的立足点。

至于之后，围绕着物价、货币流通、通货膨胀、财政和银行关系以及建设资金供求等问题所写的一些文章，写来写去，都没有离开财政信贷综合平衡这个总题目。但我越来越感到，如果不能形成一个简明的系统，不仅旁人总觉得财政信贷是难以走出的迷宫，而自己在头绪纷繁的分析中，也觉得本来是想引人出迷宫却又同时在搭建迷宫。直到对信用膨胀的分析，找出了能够用$L(1-r)$与$L(1-i)$这样的代数符号使信贷收支模型化，才开启了走出迷宫之路。

《财政信贷综合平衡导论》的核心部分，实际就是以$L(1-r)$与$L(1-i)$作为出发点建立的一个分析框架系统。如果说以前的文字论证是分散的，那么现在则是逐步推演，建立了从$L(1-r)$与$L(1-i)$开始的一系列代数模型。于是，框架得到了逻辑的论证，满足了“系统”的要求：凡纳入这个框架的问题均能用协调一致的思路进行剖析并得出相互呼应、补充、兼容的论断。

写作过程的困难，是没有直接的“师承”，没有直接可以借鉴的样板。

也许要说明，虽然是逻辑论证，但背景都是我们国家经济生活中实际提出的问题，其间没有想当然的编造。

这本书的出版，是我从20世纪60年代开始独立思考、立足于中国实际、开展宏观分析以来学术攻坚的收获；也可以说是“赶鸭子上架”以来心无旁骛专注学术耕耘的收获。有人说，它是我学术生涯的路标。

最初，对这本书关注的人士之一，是武汉大学的曾启贤教授。他认为，“建立新的宏观经济理论”是反映经济生活实践存在着宏观调控的需要，而“黄达著《财政信贷综合平衡导论》，虽然没有包含宏观经济理论的全部内容，但为建立宏观经济控制理论进行了有益的探索”。他以自己和他的学生陈端洁的署名，在《中国社会科学》1986年4期发表了一篇长达万余字的书评，对这本书起了重要的推介作用。对于这本书获孙冶方经济科学 1986 年度著作奖，曾启贤教授的推荐也应是起了作用的。

记不起出版后的哪一年，有位香港人士问我：在西方哪个国家留过学？我回答：没有。又问：是否到苏联学习过？我回答：我是地地道道的“土八路”，没有走出过国门。他觉得有些难以理解：为什么书里有宏观经济分析概念？这的确是一个问题。苏联的货币银行学里极少有宏观分析的内容，但宏观问题在计划经济里也是客观存在的，于是中国的经济学人就自己憋出了一些宏观分析思路。改革开放后，宏观分析的学问立即涌入中国。对我自己来说，有两个活动对学习宏观分析有重要作用。一是在王传纶教授的督促和帮助下，翻译了他主持翻译的*The Economics of Money and Banking*中的第16章“总供给与总需求”和第17章“货币政策和财政政策中的一些重大问题”。比如，我就是在这个过程中学到*IS-LM*模型的。二是在其督促和帮助下，翻译了英格兰银行出版的*An Introduction to Flow of Funds Accounting, 1952—1970*。这不仅使我接触到“资金流量核算”这门学问，还增加了对西方金融体系运作的了解。翻译完成后，油印分赠同行。可能，这个油印本是学界和业界同行看到的有关资金流量核算的最早的中文译本，可惜当时没有积极争取公开出版。

在写《结缘货币银行学六十年》一书的时候，关于这本《导论》，我自己做了这样的分析：

这本书的分析框架是就计划经济体制搭建的；许多语言也是计划经济体制中常用的术语。读过这本书的，当时主要是经济学科的研究生。有的同志后来说，这是对计划经济中财政信贷综合平衡问题的最后总结。这无疑是很高的赞誉。但我自己总觉得它的意义并不会“划断”于计划经济。计划经济体制中一直存在着总想否定却总也否定不掉的“商品货币关系”。因而从商品经济、市场经济这个大框子来看，计划经济体制中的商品货币关系不能不是商品货币关系一般里的一个特例。计划经济的特点之一是生产关系极大的简明化；相应的计划经济的商品货币关系也是最为简明化的商品货币关系。就这个极其简明的关系分析货币均衡与市场均衡，线条极为简明；而由于它本质是商品货币关系，因而据以得出的论断则应具有适用于一般市场经济——不论其经济结构如何复杂——的意义。假如没有十月革命和20世纪的社会主义运动，谁也建立不起覆盖十几亿人口的计划经济社会制度这个大“实验室”。而当人们反复论证这个社会实验是不成功的实验时，却不怎么重视这个难得的实验室使得人们能够得出在西方市场经济条件下要费极大力气才能得出的理论论断。当我开始接触西方宏观经济学的时候，总感到，正是对计划经济综合平衡的研究帮助自己有可能较快地读懂西方宏观经济学的论证。

距离这本书的出版已经过去了三十多年。每每回忆这本书也伴随着难以排解的遗憾：虽然以后的岁月并没有脱离学术生涯，但自己总感到，就学术建树来说，总没有能够再次达到这段学术攻坚所曾达到过的水平。

七 《货币银行学》

1983年年中，我进入中国人民大学校级领导班子，当副校长；1985年秋，袁宝华同志到中国人民大学任校长，我留任，担任袁校长的第一副手；1991年年底我被任命为校长；1994年年中离职。先后11年，特别是1985年年中以后的9年，繁重的行政任务严重影响了我在学术上的探索。

此间，值得单独提一提的是《货币银行学》的编写。

改革开放之初，在编写了《社会主义财政金融问题》之后，编写教材的活动基本中断。我们教研室改编了《资本主义国家货币流通与信用》，不成功；编写《国际金融》的计划也没有实现。而整个金融教育界，无视我们在20世纪50年代末把资本主义部分和社会主义部分合并为“货币信用学”的改革经验，依旧分别编写出许多本《资本主义货币信用学》和《社会主义货币信用学》，水平大多不高。

1987年9月，我（左四）率中美经济学教育交流项目的中方委员会委员访美，在普林斯顿大学校园留影

1987年8月25日，世界银行资助的“中国大学发展项目Ⅱ”在复旦大学召开“中国财经教学计划研讨会”，目标是提出一个能体现财经类专业教学基本要求的核心课目录，向国家教委推荐。主要参与者是西方几位知名的经济学教授，

他们在会前，在中国通过讲学进行过几周调研。我方的参会者是十来位与西方学界有交往经验的经济学教授以及教委的官员。会议的第一天，西方一些教授均强调应学习现代经济学，即西方的经济学；中国的教授则讲坚持四项基本原则，讲马克思主义经济学。我是第二天发言，发言内容是马克思的经济学要学好，非马克思的经济学也要研究，缓和了气氛，使双方有可能进入具体讨论。双方学者为中国财经类专业教学计划提出了10门核心课的建议。

这个计划曾受到不少责难，如方向有问题，如中国人的教学计划为什么让外国人来定，等等。但让中国人自己本着牢牢掌握“大方向”的精神来设计，也不过是这么几门课，而且对一两门课是否应该列入也会存在争议。所以，虽有风风雨雨，并未影响这10门核心课的建设进程。

会后，国家教委有关司局组织了对这10门核心课大纲和教材编写的竞标会。本来这是一件大事，但与会的院校对于《货币银行学》，除中国人民大学提出了由我牵头的写作设计外，竟然再也没有一份成文的设计。所以，我实际是在没有竞争的情况下，取得了编写《货币银行学》的任务。

然而写作的进度并不理想。主要是“集体编写”的通病——每一个个体都有支应不完的差事，很难集中主要精力投入接受的几章教材编写。直到1991年决定召开一次有关教材编写的研讨会之际，才拿出三四章基本成型的底稿！

这次会议是7月底到8月上旬在长春金融管理干部学院召开的。与会人士是当时设有金融专业的主要院校讲授货币银行学的带头人和崭露头角的青年教师——多是刚刚取得博士学位或正在读博士学位的，如王广谦教授、夏德仁教授。对大纲和写出的几章底稿本身提出了不少建议，但更主要的收获，是许多天同行聚会中的交流思想，交流情况。应该说，这样的交流形式，今天已经难以组织。

1992年，大约在春夏之交，我和周升业、沈伟基两位学者，到北京郊区，通读全书，最后定稿。9月份，也就是从1989年接受编写任务算起，历经三年，教材才得以出版。

核心课教材由四川人民出版社出版，是当时教育部主管高等教育的司局统一签订的协议。四川人民出版社出版时间较好，但编辑、印刷、装帧的质量，与当时一流出版社有较大差距，的确使我们这些作者觉得有些委屈。1996年，《货币银行学》改由中国人民大学出版社出版。全书的修订，由沈伟基教授主持。1998年7月，我和沈伟基两人，也是到北京郊区通读定稿。1999年春，中国人民大学出版社出版修订本。这个修订版本在该出版社当年的畅销书中排在首位。

教材大体说来包括两部分：基本理论和基本知识。

就基本理论来说，这本教材的指导思想，我提出三条：①以马克思主义为指导；②汲取西方和东方的最新研究成果；③立足于中国实际。

之所以坚持以马克思主义为指导，是因为比照苏联的教材，比照当时所看到的西方20世纪80年代的教材，马克思对货币、信用、银行的理论分析，其深刻程度，其历史穿透力，依然熠熠生辉。更重要的是，马克思主义的立场、观点、方法，不仅在今天，甚至将来，都具有真理性的意义。它本质是进取的，是反保守的，它的着眼点总是放在解决客观不断提出的新问题，并在这样的过程中来发展自己；它是开放的，并提供了一个具有极大活力的理论框架，因而总是汲取人类的一切合乎真理性的内容，从而有无尽的生命力。直到今天，我的看法依然如此。

之所以强调汲取西方的最新研究成果，是因为他们的货币银行学一直以市场经济为研究对象，发展传承脉络清楚。苏联的教材实际上也没有摆脱西方教材的体系。我们要建立社会主义市场经济体制，西方以市场机制为背景的货币银行学，自然是我们应该汲取的源泉。实际上，我们的货币银行学结构直到今天也大体沿用西方货币银行学的结构。对于汲取西方研究成果，自然要分辨是非，警惕陷入迷信的境地。其中，所说的“东方”，是指当时的苏联、东欧，实际上并没有汲取什么研究成果。

关于立足于中国实际，包含对原理和基础知识两方面的要求。从基本理论这个角度考虑，如果需要用以前资本主义的经济史和经济思想史的史料来说明，首先是要采用中国的。因为货币、信用在这一阶段的发展，中国应该比西欧先进。不过更主要是指基础知识，即货币银行制度和业务运作的原则。

以美国的货币银行学为例，讲货币是讲美元，讲中央银行是讲联邦储备制度。好像美国就是天下，天下就是美国。中国的教材当然要讲中国的，但是我们要改革开放，要与外国人打交道，这就要求我们对外国的情况要有必要的了解。可以这样概括：我们的货币银行学，必须以中国的历史和现状作为背景来研究，但又必须以相当大的力量把有关外国的历史和现状引入这个背景之中。这就使我们中国学生为了掌握科学，不得不比有些国家的学生付出更多的辛劳。

写作这样一本教材的阻力，我最初的估计，主要是来自当时领导层里以及教授队伍中反对学习西方经济学的力量。但是，却没有想到，主要的问题竟然出在我们的内部：国外已经有成熟的教材，我们有什么必要自己编写教材，能写出什么新的东西来？这是彻底性的颠覆。稍作一些了解，发现这并不是个别教师的认识。有的教师就是讲国外的教材，而关于中国实际，则不甚了了，好像并不在自己的教学任务之内。于是，我写了《建国以来〈货币银行学〉课程发展的回顾及如何进一步建设》一文，在其中阐发了“立足于中国实际”的必要，并在文章结尾写了“作为货币银行学的教学工作者，应该致力于编出：中国人，在中国大学的讲台上，为了使中国的学生掌握在中国建设有中国特色社会主义的本领，而传授‘货币银行学’所需要的教材”。

这个提法，我认为应该始终坚持。

八　20世纪最后十年的学术探索和建言献策

20世纪的最后十年的写作，在学术探索方面较少，大多是建言献策。

1. 价格理论研究的“收官”之作

1991年，我发表了关于价格理论的最后一篇文章：《长期宏观决策必须考虑的一个必然趋势——从不完全的工资、成本、价格向比较接近完全的工资、成本、价格的转化》。当时，李鹏总理委托国务院政策研究室召开了一次关于经济改革的小型征询意见会。我把发言提纲整理成文，发表于《财贸经济》1991年第4期。

关于价格理论的探讨，最早出现在“文化大革命”前夜写成初稿的《如何看待价格》。这在前面讲过。改革开放开始，在《社会主义财政金融问题》里，写了一章《货币与价格》，其中的相当部分，实际是自己沿着《如何看待价格》一文的思路继续探索的成果。随后数年，有关价格改革问题写了好多篇文章。其中除了《积累增长速度和物价水平》一文，其他各篇文章都不是对价格基本原理本身的继续探讨。比如，《谈谈我们的物价方针兼及通货膨胀问题》实际是回答“要改革，必然引起物价上涨开放，怎么办？”如果说理论，涉及的是选择理论，是通货膨胀与发展的理论，是财政信贷综合平衡的理论。再如《需要的是长期韧战》，实际是指出，当时存在的一种物价改革需要的是蓄积一搏的力量，鼓足敢冒风险的勇气，然后选择时机；一举攻而克之的思潮，其实并不符合客观规律，等等。

直到《向比较接近完全的工资、成本、价格的转化》这篇文章，才又回归对价格基本原理本身的探讨。这篇文章是要指出：从改革开放开始的“一调二放”的价格改革已经逐渐让位给整个经济的改革作用于价格的过程。

一是住房制度的改革，城市职工退休养老、失业救济的改革，公费医疗制度的改革，包括物价补贴在内的各式各样补贴办法的改革等，意味着工资所涵盖的内容在不断加大，反映了原来极不完全的工资已经朝着完全工资的方向转变。

二是工资从不完全向完全方向的转化，则意味着成本的加大。而工资之外的物化劳动的转移，原来也没有完全包括在成本之中。必将不断推进的固定资产折旧制度的改革，会计制度从不正视通货膨胀到正视通货膨胀的改革，资源利用和环境保护等方面从不支付费用到逐渐支付费用的改革等，都驱使不完全成本向比较接近完全的成本转化。

三是分析利润率。价格是成本加利润。当时，利润率总的说来不高，不足以缓解不完全成本向完全成本转化的压力。

于是，不完全的工资、成本向比较接近完全的工资、成本的转化，必将决定不完全的价格向比较接近完全的价格转化。

过程是渐进的，趋势则是价格水平的逐步提高。长期宏观决策必须予以重视。

在理论界，对于这个问题好像并不怎么关切，只有王广谦教授多次提到这篇文章。至于有关实际部门的讨论情况则不甚了解。按理说，这是他们本职工作中的基本分析途径。

这篇文章之后，对价格问题的研究可以说是终止了。至于自己长期存在的两个关于价格问题的疑问，一直没能研究。

一是价格水平，特别是在金属货币退出流通之后，是否存在必然上升的趋势。有些统计支持这样的看法，在我的头脑里有一个事例印象极深：在美国的一个博物馆里，有一件展品，是19世纪下半叶中国出口到美国的一条紫花布裤子，当时的标价是1美元。20世纪末，美国商店里当然早就没有紫花布裤子了，即使在中国，也早不种植紫花了，但相应的纯棉裤子，价格则基本在10美元上下。这个问题应该如何分析？

二是国家越富，本币对外越升值，对内的购买力越贬值。中国非常典型。类似的事例好像并不鲜见。这是为什么？我试图考虑个分析思路，但没有多少头绪。

2. 对财政与金融对比格局演变的剖析

1995年八届人大三次全体会议，我提出了一个议案：《“九五”期间必须扭转国家财政收入占 GDP 的比重不断下降的局面》，新华社发了通稿。

之所以能够提出这个议案，是由于1993年年初，我被选为第八届全国人民代表大会代表以及代表大会的财经委员会委员。在任这一届代表的五年中，我对于经济形势和财经决策过程有了进一步的了解，从而能写出一些对策性较强的文章。

议案指出，第一，改革开放以来国家财政收入占GDP的比重急速下滑，其中：经常性收入占GDP的比重，1979年为26.7%，1994年为11.8%。经常性收入和债务收入占GDP的比重：1979年为31.9%，1994年为14.5%。下滑速度每年约1%。按财政总收支（即包括中央财政和地方财政两部分）的口径比，1994年我国财政收支占GDP比重的水平，较之世界各国，均低得惊人。

第二，财政收支处于如此低的水平，因而：①国家在行使其职能中，处处感到财力不足；②削弱了国家在改革方面的机动能力；③财政力量太小，缺乏扩张和紧缩的余地，难以实现财政政策与货币政策的有效配合。

议案的核心，是建议国务院制定扭转国家财政占GDP比重下滑趋势的方针和规划。

实际上，在前一年年中写成的《财税金融体制改革漫议》一文，已经讨论了财政集中支配的财力与金融所支配的财力这两者的对比演变的问题。

这个议案，好像并不需要多么高深的理论探讨，其作用或许是提出了许多人多已看到但却没有提出的问题。

之后，1995年秋写了《议财政、金融和国有企业资金的宏观配置格局》一文，发表于《经济研究》1995年第12期。当时，国家计委的有关同志也以“中国全社会资金配置、检测与调控”为题申请在国家哲学社会科学基金立项。的确，这已成为经济建设中矛盾的焦点。

在《议财政、金融和国有企业资金的宏观配置格局》一文里，较为系统地表达了那段时间我在这个问题上的思路：就整个经济来说，演进的格局是财政穷、银行富、企业资金窘困。在这样的基础上形成了效率低、成本高的资金运作格局，必须寻求解决的途径。

改革开放开始之际，不少人认为财政分配权过分集中，从而导致它对经济的干预力量过强，不利于搞活经济。这样的见解有一定的道理，可能是财政收敛的主观原因之一。极端的意见是，财政应该只是“吃饭财政”，要快速从经济领域退出。这不是现代经济学的理论，也不符合现代经济生活的实际，很多人并不赞同。写提案时有一点看法没有表达出来，那就是财政系统的同志，恐怕在一定阶段，积极进取的精神有所削弱。

银行系统集中的财力猛增，与其他国家横向对比，也属过分扩张。于是形成了金融界独木撑天的局面。以致在我们的党政文件和理论论述中似乎金融和宏观调控天生就是一而二、二而一的事物，而财政在宏观政策里则处于被边缘化的状态。

对于国有企业“资金紧”的问题。那时，舆论指出，国有大中型骨干企业生死攸关的问题是缺少更新改造投资。这确属要害，但也缺少基本建设投资，也缺少流动资金。当时，流动资金的供给已经全由银行信贷包下来。流动资金这个口袋事实上是一个无底的口袋。注入这里的资金不单是用以补充流动资金，更经常被挪用，用来弥补基建和更改资金的缺口。那些年有一种“安定团结”贷款，实际应属于民政性的救济，也进入了信贷领域。

概括来说，我们的国有企业的资金，过去财政的注入是大渠道，现在变成了涓涓细流，最为现实的像是只留下了一条路——依靠融资。但当时，国有企业资金紧和单靠银行间接融资一条道路的矛盾已经反过来制约着金融改革，如商业银行的改革所碰到的不良债权这个关键难题已经日益突出。

对于这样的格局，文章提出了对策性的建议。但我更满意于自己在文章结束时的最后一段话：“现有的这个资金宏观配置……格局的形成虽然是不自觉的，但向合理格局的调整则必须是也有可能是自觉的过程。”

实际上，1996年，财政收入占GDP的比重即开始趋稳，随后呈现回升趋势。但在宏观调控中还是看不到财政往日的风光。

东南亚金融危机袭来之际，中国虽然在世界上是公认的“绿洲”，但也出现了市场需求不足的趋势。进入1998年，上下统一了看法，事实上已进入通货紧缩的轨道。这期间，我在人大财经委员会上不止一次地提出：金融扩张实现不了扭转需求不足以带动经济发展的局面，动用财政政策已经是当务之急。在几经犹豫之后，国家于1998年8月的一天，决定实施“积极财政政策”，并以人大常委会决议的形式决定，调整原有预算安排，向国有商业银行增发1000亿元国债。顷刻之间，财政进入了宏观调控实际操作的第一线。也就是从这一刻开始，中国的宏观调控，从金融一个支柱又转回为财政和金融两个支柱。

这里有一点还值得说一说。对于财政政策之前冠以“积极”两字，开始我并不赞同：扩张就是扩张，何必扭扭捏捏说“积极”？后来渐渐体会到，“积极”不仅可以冠在扩张之前，也可以冠在紧缩之前。就像之前提出的“稳健”货币政策一样，“稳健”既可以冠在扩张之前，也可以冠在紧缩之前。那一段，货币政策在扩张与紧缩之间不断调整，曾经想过好多提法，以避免使人感到政策过分跳动的缺憾。记不起是哪位高人建议采用“稳健”二字。已经过去了二十年，“积极”与“稳健”一直沿用至今。虽然好像只是措辞问题，但其实也体现了人的智慧。

3. 澄清国内外对银行不良债权的“忽悠”

20世纪90年代中叶，商业银行的不良债权问题受到关注。中国的银行所受到的压力，最初是公众指责银行的货币供给支持了通货膨胀，问题发生在外部。就银行系统运作本身来说，润滑顺畅，似乎只有“外患”而无“内忧”。在这种情况下，银行改革的进程虽也曲曲折折，并不平坦，但本身的顺畅运作却一直是改革的有力支撑。进入20世纪90年代，先是房地产投机，银行给自己的运作打了一个难以解开的结；紧接着“不良债权”又成为关注的焦点。

国有商业银行的主要贷款对象是国有企业，上面刚刚讲到，国有企业的资金运作问题极多。在这种情况下，商业银行的贷款中存在不良债权，应该说是不难解释了。

国有企业也是处于改革的过程之中。但改革要有一个过程。至于它们当时不能不负担的就业、养老、医疗和救济福利等任务，也不是说应该剥离就能立即剥离的。

简单地从银行业务经营管理的角度来说，对于会形成不良债权的贷款，银行是不会心甘情愿发放的。但在“改革、发展、稳定”大原则的要求下，有些明知有问题的贷款，银行也不能不发放——这里有许许多多的政策框框、管理条规，乃至政府的具体决定，约束着银行的行为。当时有些人写文章，说外国银行有风险管理，发贷款都有如何严格程序等，埋怨中国的银行不懂得现代银行管理。其实，是他们不懂得中国的银行，不懂得中国银行的运作环境。

也有人不分青红皂白，要求必须堵塞一切会形成不良债权之路，至于社会、政治、经济后果，那不是银行所需承担的责任。这就像医生只管治病而不管病人死活一样，如此开出的处方，假如真的实施，显然有害无益。他们不懂得，要是遵照他们的主张办，就不可能有他们当时能够相对稳定的生活环境。

商业银行的不良债权问题必须解决，这在当时的国家领导层和银行系统之中，实际是有共同认识的。应该说，对于一个基本明确了解决方向的问题，是不会引起自己参与议论的兴趣的。问题是好像瞬息之间，国外掀起了热炒中国银行不良债权的风浪。“忽悠”，严重的不良债权将会引起银行挤兑，将使中国的银行体系瘫痪，等等。国外有些学者、政客，炒作中国问题令人反感，而国内又总有一些人跟风煽火，说什么几万亿的银行储蓄一旦挤兑如何收拾。应该说，在那期间，国内外的一通“忽悠”，的确引起不少人的忧虑，颇有山雨欲来风满楼之势。

最初，我是在1996年的《中国金融改革的回顾与前瞻》一文中提及不良债权的。1997年8月，在上海举办的一个国际会议，邀我作主题发言。我作了题为“改革开放中走向市场机制的中国金融事业”的讲演。在讲演中，对日益成为国内外议论焦点的银行不良债权做了一般的分析，同时也算了一笔账。引述如下：

1996年年底，国家银行各项贷款总额是47434.1亿元。不良债权姑且按有些人估计的1/4计，为11858.5亿。假设（只是假设）不分逾期贷款、呆滞贷款和呆账，全部视同呆账，用发行国债冲抵，发债额也超不过1997年预计GDP的15%。目前，国债的未清偿债务余额不到GDP的8%，加上15%，也不过是23%。在当今世界，绝非是不能承受的水平。当然，不良债权的实际化解，绝非如此简单：途径可有多条，过程也要延续数年。再者，世界上的银行业都难以避免不良债权的困扰。所以化解不良债权的目标也不是零，而是控制在国际通常允许的界限之内。这里之所以作简单数字计算，只是想给出一个量的观念——中国的经济完全具有消化不良债权的潜力。

这绝不是说，银行可以为所欲为；更不是说，对于不良债权无须认真对待……而是说应该有分析态度：把问题讲得严重一点，以起发聋振聩之效，或许是必要的；要是让一些议论把自己搞得惶惶不可终日，则于事无补。

这就等于指出，国内外的“忽悠”，其实连简单的计算和基本道理也不懂得。

讲演后，中国人民银行金融研究所的一位研究人员认为，他是第一次听到这样的计算，很有说服力。

1998年6月，在国家发展计划委员会政策法规司组织的

1996年4月下旬，我（前排左四）在京西宾馆与国家社科基金应用经济学评议组全体成员合影

亚洲开发银行“迈向2020年的中国”项目中，我写了《完善中国金融体制的目标和思路》一文。其中，围绕着“不良债权”问题，又做了仔细的计算。并指出，由于国家财政存在着增发国债的足够回旋空间，从而可以实现有利于国有商业银行的债权债务的重组。其中，举了一个极为典型的例子：

八届人大常委会第30次会议通过，财政部发行2700亿元特殊国债，用于向国有商业银行增拨资本金，以保证达到8%的资本充足率。两三年以来，中国人民银行一直酝酿降低商业银行存款准备金率的措施，并作出了实施的决策，1998年3月开始实施。按1997年年底国有商业银行的存款准备金规模计，降低5%，即可腾出2500亿元以上的资金，用这笔钱购买国债。财政部有了这笔发债收入，即可作为资本金拨给银行。于是，在不影响日常国债市场的条件下，实现了有利于国有商业银行的债权债务的重组。这个机会之所以能得到利用，基础还在于国家财政存在着增发国债的足够回旋空间。

1999年年初，中国官方也开始把有足够的发债空间作为宣传的内容。

4. 积极融入与自我防卫的统一

20世纪90年代中期之后，“开放”使中国经济同国际经济的联系有了极大的发展，展现了中国的经济会相当迅速汇入世界经济大流转的趋势。国际经济联系的扩展和深化必然要求中国的金融运作不断与国际接轨；中国金融体系终将融入国际金融体系，也是发展的必然。

具体地说，过去，伴随着对外贸易专营，严格的外汇管制把国内金融活动与国际之间的金融交往清楚地划分为两个领域。1996年实现了经常项下人民币的可兑换，汇率则是在供求对比和人民银行入市操作的基础上通过市场机制形成。不久，人民币从经常项下可兑换货币逐步过渡到完全可兑换货币的目标也已提出，甚至成为一时热议的话题。

过去，中国本土以外的资本和银行不得在中国设立机构和经营金融业务。1996年，在中国不仅有好几百家外国银行的代表处，其中有上百家已经营外汇业务多年，有的还获准在限定地区经营人民币业务。这就急迫要求把中国的银行迅速改革成为的确符合市场经济所要求的银行，其运作规则、效率应该能够与工业化国家的同类银行处于同一水平上，否则，日常的交往难以进行。

过去，除涉外的保险业务和再保险业务外，在国内可以说不存在保险运营。但就是在1996年之前的一两年，国内的保险公司从开始一家到数家，从开始办财险到办寿险，而外国的大保险公司，更是把中国的保险业视为未开垦的处女地，纷纷在中国的大口岸设立分支机构并开展业务。

过去数年，直接融资从无到有，有了一个大发展。但是由于人民币还不是完全可兑换，这个领域，国际资本还不能涉足。但资本市场的发展方向应该是培育起既能吸引国内投资又能吸引国际投资的功能，人们也开始思考这个步子应该如何走。

对于金融领域的“接轨”和“融入”，极端的主张有一条“理想”之路：无条件地开放和解除人为的防范界限，把一切交给市场。然而，这是中国绝对不能走的一条路。因为，国际金融体系并没有提供一个前提条件，可以使类型不同、实力悬殊的国家，均有可能保卫自己免受极具破坏力的剧烈金融冲击。

再者，中国本身的经济基础决定，不能立即也不能很快四门大开地实施全面的金融自由化。对于发达国家和发展中国家，对于经济强国和经济弱国，金融自由化的意义并不是完全等同的。经济实力极强的国家，早已实现了自由化。即使有来势凶猛的金融风浪，也不过是癣疥之疾，无足为虑。而当时，袭来的东南亚金融危机对东南亚各国的摧毁力表现得极其充分，最根本的原因还是在于疆域小、底子薄。中国幅员辽阔，人口众多，改革开放以来发展极为迅速。但两个世纪的贫穷落后，只靠近二十年的努力，还远未积累起足以搏击当今世界级金融风浪的殷实财富。而且同一些亚洲国家比，中国还有一个明显的弱点，那就是由于几十年处于计划经济体制之中，过分欠缺市场经济金融运作的经验。

所以，在“接轨”和“融入”势所必然的形势下，必须明确一条总的方针。

1997年，在《改革开放中走向市场机制的中国金融事业》一文中，我在讨论不良债权问题的同时，提出中国金融领域对外开放的方针只应是积极面对挑战和谨慎渐进相结合。

1998年，我在上面提到的《完善中国金融体制的目标和思路》一文中，提出在融入国际金融体系的同时如何建立自我防卫体系的问题。

1998年8月，在北京召开的“亚洲金融危机与中国内地、香港金融市场发展”高级研讨会上，我在以“中国的金融改革及其前景”为题的发言里明确提出：应取接轨、融入与自我防卫相统一的方针。这个发言颇受媒体关注。《中国证券报》8月22日、《证券时报》8月22日和香港《大公报》8月26日发表消息，《人民日报·内部参阅》1998年37期刊载，重点关注“自我防卫”的提法。文章公开发表是在1998年11月《宏观经济研究》的创刊号上。

对于金融改革，总的来说，我们的方针是审慎的。比如稳健的吸引外资的政策。也许是“好借好还，再借不难”的古训起了作用，就在上上下下全面掀起引资热的时候，决策层和经济学界也一直关注偿债能力问题。其实，我国一直注意合理的债务结构，除去国外直接投资外，外债的大部分是中长期贷款和项目贷款，而且不少是世界银行等国际金融组织的借贷或由政府间安排的借贷。假如中国的外债结构，也像一些国家主要依靠短期债务来支持，金融危机也不会特别关照中国。由于改革开放的明显成就，在东南亚金融危机爆发之前，也浮现过一派乐观的估计。比如，对于人民币的完全可兑换好像已经指日可待。应该说，东南亚危机是一服清醒剂。很明显，当危机席卷东南亚，并北上严重冲击韩国之际，中国之所以没有受到直接冲击的另一个主要原因，就是有人民币不完全可兑换这道防火墙。

在这篇文章里，我做了这样的分析：一体化的国际金融市场好比一个拳击俱乐部，任何一个拳击手都得遵守统一的规则。这是“公平”的。但在拳击台上，却不分级别，超重量级的拳击手常常与最轻量级的较量，要把这形容为“公平”的游戏就不那么容易被人接受了。但是，这是一个中国只能面对而无从选择的国际金融环境。显然，绝对不能奢望在拳击台上平分秋色。

“接轨、融入”与“自我防卫”两个要求的完全协调一致也许并不存在。较为确切一点地说，是应该根据时间的推移、条件的变化，时时寻求两者的理想结合点、均衡点。这是大局，我之所以反复唠叨，只不过是强调必须思路明确，不可掉以轻心。

此外，这一期间，我对于人民币汇率问题，对于金融必须讲效率的问题，对于通货紧缩问题等，也做了一些探讨，表达了自己的观点。

九 《宏观调控与货币供给》

在改革开放开始后的二十年间，除了《社会主义财政金融问题》和《货币银行学》之外我还写了一本书，就是《宏观调控与货币供给》。

从20世纪80年代中期开始担任学校领导职务之后，每学年坚持给研究生开一门课。开始，是以“财政信贷综合平衡导论”的课程名称授课，并思考如何对《财政信贷综合平衡导论》作进一步的修订、增补、提高。然而，正如《宏观调控与货币供给·作者的几点说明》所说的：“随着时间的推移，关注点也日益转移到改革和建设思路的剖析、发展趋势的估价和主要症结的把握等方面。由于主要精力不是集中于学科体系建设，从而原来的设想没有能够实现。”

后来，在多年与决策层、民意代表、经济工作者、经济学界、各层次经济专业学子的接触中，一再感到，涉及金融的不少问题，之所以说不清道不明，主要症结之一是没有把握现代信用体系创造货币的机制。记得，有一位老同志质问：中国人民银行印了那么多的钞票，竟然不交代都用在什么地方了。在他的观念里，银行印钞票，当然就是银行支用。要使他懂得实际上印钞票的银行竟然没有权力直接花用他们自己印制的哪怕一分钱的钞票，那需要许多准备知识。而更伤脑筋的是，经济界的人士，包括经济学家，只知道货币就是钞票，实施扩张政策就是把印钞机开足马力。在这样的水平上讨论经济决策问题，实在有些悬乎。看来，大学学子，特别是经济、金融专业的学子，掌握现代货币创造的知识实属必要。也正是这样的想法，使得讲课的内容首先就集中在货币供给上面。

我自己在这方面的知识，最初是从高鸿业教授翻译的萨缪尔森的《经济学》学到的。后来翻译的多种货币银行学等类似的教材逐步使我了解了这一理论的大体内容。所以有可能较为全面地在这本书里加以介绍。这样的做法，在国内并不多见。近二十年来，西方的教材里，有关这方面的知识也较少铺开来讲。但我的感受，洋人，包括洋人学者，不少人对于这方面的功底并不牢靠。讲清楚了，仍然有必要。

这个货币创造机制，在西方，其形成过程经历了好几百年，其最后的完成形态应是出现在20世纪的上半叶。对此，我概括为“双层次的货币供给机制”。

它的第一个层次在商业银行——创造存款货币的商业银行。在这个层次上，是众多的商业银行及其分支机构面对着众多顾客随时随地提出的形形色色的货币需求。它们如何有区别地满足和在多大程度上满足这些需求，取决于它们自己根据安全、流动、盈利的准则衡量利弊得失所做的判断。这就是说，在这一层次上创造多少存款货币是由许许多商业银行，在经济生活中的无数时点和地点上，通过自我约束机制分散地决策的。正是商业银行的分散决策，才有可能针对千差万别的需求，随时随地、机动灵活地供给货币；而商业银行的自我约束机制则使它们不能不认真地对客户所提出的需求进行评价和筛选，并从而在事实上把住了货币供给是否真正符合客观需求的第一道关口。

然而，商业银行自我约束机制的行为，属于微观层次。其综合并不是保证货币均衡的充分条件。于是，要求中央银行宏观调控这个第二个层次。中央银行集中指挥的宏观调控，必须是指挥的意向通过种种经济利益的信息去影响处于基层的分散决策者，使它们自己调整自己的行为，而不是简单干预。当然也不排除行政性的干预，但这不是主导方面，并且必须用之有度。

当我国建立了中央银行和商业银行体制后，也逐渐按照这样的机制运作。

讲货币供给，除了讲现代货币创造的机制，还必须讲财政信贷综合平衡的分析框架。就基本思路来说，这后一部分，在《宏观调控与货币供给》中与《财政信贷综合平衡导论》一脉相承，但极少直接转述《财政信贷综合平衡导论》的逻辑推导表述方式。

这本书主要内容的另一部分是宏观分析方法。

1992年8月，中国金融学会、甘肃金融学会和《金融研究》编辑部在兰州召开“中国货币政策高级研讨会”。我提交的论文是《认真推进宏观分析的理论建设》。对于这篇文章，我自己看重的是最后的一部分，即人们在分析宏观经济问题时，往往用的是微观经济分析方法。孤立地看，分析很有道理；但放在宏观环境中，往往不准确。

在这篇文章里，有这样一段：“有一个例子发生在好多年前，给我的印象极深。在一次会上讨论到农村资金不足的问题时，有人发言，认为农村流通着200多亿元的货币，把这些货币集中起来，农村根本不缺资金。农民要真是把200亿元拿来投资，我们那时的经济有什么生产资料能够提供？难道不正是农民持有200亿元钞票（这反映着国家对农民的负债）才为整个供求的均衡创造了条件？……当时我还闪过这样一个疑问，如果农民把钞票都投资了，那农村岂不变成了‘无现金’社会，经济还能周转吗？”

随后，我做了这样的论述：

人们习惯于微观分析方法而不易于掌握宏观分析方法。微观分析的起点是假设其他条件不变，而宏观分析则不能作这样的假设。宏观分析是对经济总量的变动进行分析，而总量之间，一个因素的变化必将引起相应因素的连锁变化，只有跟踪这个因素的影响直至其结束，一次分析才能完成。说得俗一点，宏观分析是一种“圈圈”的分析。由于经济生活中的过程往往是环状的——从头到尾，尾往往又是头，于是又可有“从头到头”的公式。……只要坚持“圈圈”分析、“从头到头”的分析，问题就有可能搞清。

从这时候起，不断地就这个问题思考并最后形成了这本书的第四章“货币供给的宏观分析方法”。思考的成果凝结在第四章五个小节的标题上：①总体不等于局部的加总；②是多元函数就必须把“多元”置于视野之内；③要考虑全过程而不能停留在片段上；④必须判明宏观过程的先后次序；⑤总量约束。

我自己觉得，在这方面是用了功夫的。但直到现在，总感到还没有把这个宏观分析问题讲清、讲透，更没有引起大家的重视。

货币政策在这本书里，也占有一席地位。20世纪80年代后期，我们实际上已经运用货币政策。货币政策这个词正式出现在官方文献里则是1993年。那时，国外经常有关于货币政策问题的讨论，反映在国内，讨论得也很热闹。

总的来看，观点的引进显得粗糙。比如，关于“单目标”与“双目标”，在国外，学者之间的争论，多是壁垒鲜明。反映在国内，也往往是“非此即彼，不可调和”。但稍加细心地考察会发现，实际生活并非这样绝对。“二战”后的一大段时期，大多数国家是以充分就业为首要目标。在美国，货币政策的目标受1946年的《就业法案》所约束。就业法案要求“最大限度地提高就业、生产和购买力”。20世纪70年代中期之后，“滞涨”促使这些国家的货币政策目标先后转为以稳定货币为主。如1993年，法兰西银行的法规中规定：“法兰西银行制定和执行货币政策以保持物价稳定为目标。”德国在1992年修改的《德意志联邦银行法》规定：“德意志联邦银行运用本法律所赋予的货币方面的权力，以稳定货币为目的……”至于国际货币基金组织和其他国际金融组织对于货币政策的主流观点都是强调单目标的稳定币值。

不过，在真正的实践者那里，也从来没有把稳定目标从其他经济目标的有机联系之中割裂出来。如法国，在上面提到的货币政策的目标是“稳定”之后，紧接着还有一句话：“完成此任务要按照政府的整个经济政策进行。”再如《德意志联邦银行法》在关于德意志联邦银行对其稳定货币的职责不受侵犯表述得毫不含糊的同时，也指出：在职责不受侵犯的条件下，“德意志联邦银行必须支持联邦政府总的经济政策”。至于我国的《中国人民银行法》，其行文是这样的：在明确“货币政策目标是保持货币币值的稳定”之后，紧接着缀有“并以此促进经济增长”的字样。

其他问题的讨论也存在过分简单的倾向。我的写作指导思想，基本是引导有关的讨论力求接近实际生活。

这本书基本属于教材性质。由于不是通用课程的教材，影响面较小。其实，其中不少问题还是存在着一些盲点，有待深究。

伍

回归学科建设，探索学科源流

进入21世纪，我回到校园。对改革开放的经济问题，也发表过一些议论，如议论资本市场并轨的《这就是炼狱之门》，如议论人民币将会遇到挑战与机遇的《人民币的风云际会》等。但时间越来越多地用于学科建设、教材编写。其中，对货币银行学这门学科本身发展演进的再研究，竟然为给自己走上货币银行学讲坛画上了最后的句号。

一 “货币银行学”前途未卜

可能是在2000年春，有一位教师问我，货币银行学的命运是不是即将终结？突如其来的问题（在我的头脑里是根本没有想过的问题）使我惊愕。我立即意识到，这对于讲授货币银行学的教师是生死攸关的大问题，必须立即搞清楚空穴来风的关键何在。

很快发现，问题实际已经存在好几年，只是我反应迟钝，一直没有看见。

20世纪90年代中期，随着海外学子归国人数的不断增多，Finance也即西方商学院的“金融学”出现了一次引进潮。Finance译为金融，顺理成章。于是，对“金融”这个由汉字组成的词，在中国有了新的解读。正是基于这个新的情况，1997年9月，西南财经大学在成都主办了“'97中国金融学科建设与发展”研讨会。会议讨论的核心就是“金融学科的定位”问题。不过会上的讨论给人以“三岔口”的感觉。中国人民大学的周升业教授指出：金融学科所包含的内容，通常归结为……货币、信用、银行等金融机构和金融市场；西南财大的冯肇伯教授则明确地引用了《新帕尔格雷夫经济学大辞典》有关“Finance”的界说并加以阐述。但没有交锋。我那时对这个问题好像也听到一些说法但没有多少认真地思考，在会上的发言大而无当，对于学科定位分歧的议论完全是隔靴搔痒。而且会后，依然懵懵懂懂没有感到问题的严重性。

实际上，在那几年，归国学子在讲授西方商学院的“金融学”时候，当然要讲这是新学问、真学问，于是中国原来讲授的“金融学”——那时，“货币银行学”也常常叫“金融学”，好像就成为陈腐的学问了。相应地，也就出现了要新的先进的金融学，不要老旧的货币银行学的主张。后来了解到，那几年，一些主要设有财政金融专业的院校，在讨论金融学科的专业设置和制定编写金融学科教材的计划时，也曾出现看法不统一而难以做出定论的局面。

其实，讲了上百年的“货币银行学”与商学院的“金融学”区别极大。用商学院的金融学打倒货币银行学，无异于关公战秦琼。问题是，“海归”多是理工科出身，到国外立即进了商学院，对中国经济生活里的金融实际运作和货币银行学科没有什么了解；而国内讲货币银行学的大多教师，没有摸进商学院金融学的门径，也无法厘清是非，保卫自己的阵地。

这使我回想起过去实际涉及这个问题而我却全然忽视的两件事。一是在20世纪80年代末90年代初编写《货币银行学》的时候，我们教研室在美国留学的教师来信提醒我，编写“货币银行学”应该有新的思路，国外的趋势是从资本市场入手。当时听了很不理解——没有交代货币、信用、银行，怎么就从资本市场开篇呢？回过头来看，其实是由于他接触了商学院的金融学（这门学科当然是从资本市场开篇），但却与货币银行学混为一谈了。二是20世纪80年代初，有些理工科的教授到国外做访问学者，有人回国后谈金融，只讲资本市场，无疑也是由于接触了商学院的金融学。总之，用Finance专指资本市场的观念，早已在中国传播。只是到了20世纪90年代中期，才出现真正的冲击波。

二　关键是搞清"金融"概念，解决和平共处的问题

问题严重，必须迅速澄清。最为重要的是对大局的判断：

（1）自己讲了半个世纪的货币银行学，在中国的经济生活里起了不可或缺的理论指导作用，凭几位游学归来的学生用几句英文就能打倒了？我总觉得我们讲货币银行学的老师们有点软弱，怎么几句从国外带回来的"闲言碎语"就对自己讲的学问动摇了！

（2）商学院的"金融学"不可能打倒"货币银行学"，并不等于它不是真学问。从定义风险并使风险度量有了数学界定之后，资产组合选择理论、资本资产定价模型、有效市场假说、期权定价模型等相继发展。由于资本市场和金融衍生工具的迅速发展，需要大量掌握商学院金融学的人才，于是金融学成为显学。

这就是说，大局是关公打不倒秦琼，秦琼也打不倒关公。那么，问题何在?

问题在于：当时有些海外归来的学子要用商学院“金融学”的金融概念一统天下，而且国内也有人附和。当时有一个颇有分量的说法：中国人把人民银行的活动归入金融范围可能是错了，中央银行的活动属于宏观经济干预，属于经济调控，而不属于金融。的确，在商学院的“金融学”范围内，中央银行是包括不进去的。但是，这样的说法就等于要在中国把周小川（时任中央银行行长）开除出金融界。还有，中央银行乃至商业银行的几十万、几百万职工，也不能再自豪于自己是令人羡慕的金融工作者了。对概念体系如此颠覆性的震荡，中国人自然不能接受。应该说也有成功的例子：本来用之非常习惯的“公司理财”（或“公司财务”）变成了“公司金融”，至今我也难以理解这样改动的正确性何在。也曾试图把Public Finance翻译为“公共金融”，但可能是“财政”在中国的根子太硬，根本没法撼动。

一时之间有了两个“金融”：一个是在中国经济生活里习惯说的“金融”，另一个是商学院金融学的“金融”。分析到这里，问题的关键已经清楚，其实要搞清的是“金融”的概念，以及如何处理不同概念的共处问题。

我的考察是从汉字的“金融”和英文“Finance”两个方面入手的。

先看看中文的“金融”。

（1）“金融”这个词并非古已有之：古有“金”，有“融”这两个字，但直到《康熙字典》，未见“金融”连在一起的词语。

（2）最早出现这个词的工具书，是1915年初版的《辞源》和1937年开始刊行的《辞海》。两本辞书对金融的解释大意都是资金的融通。

在20世纪20—30年代，中国的学界曾讨论过金融的界说。那时，马寅初为《货币银行原理》（*The Principles of Money and Banking*）的中译本作序时，开宗明义的第一句话就是“货币与银行构成金融之二大要素”。当时其他一些书序中也往往可以看到以“金融”概指“货币”与“银行”的语句。

20世纪60年代试用本和1979年版的《辞海》，对金融的释文是：“货币资金的融通。一般指与货币流通与银行信用有关的一切活动，主要通过银行的各种业务来实现。如货币的发行、流通和回笼，存款的吸收和提取，贷款的发放和收回，国内外汇兑的往来，以及资本主义制度下贴现市场和证券市场的活动等，均属于金融的范畴。”据说，这段释文，是出于当时上海社会科学院先生们的手笔。

（3）对“金融”的诠释，从世纪初到金融改革开放，有发展变化，但脉络可循。看来，在中国，对金融内涵和外延的理解，源流清楚。

（4）20世纪90年代，商学院金融学的金融概念引入，原来一个概念突然变成了两个。

如果把新引入的视为“窄口径金融”，原来的就成为“宽口径金融”。

再看看西方世界。在西方世界的Finance，字根是法文，西班牙语、斯拉夫语等语种也出于同一字根。

我用最笨的办法，即查阅北京图书馆所有的英文类书，看看对Finance都是如何诠释的。查阅的结果是：

（1）Finance，在西方是一个极为古老的词汇，在牛津词典（Oxford）、韦氏词典（Webster's）这类字典和一些百科全书中，对Finance的解释是：Monetary Affairs，Management of Money，Pecuniary Resources……也就是说，只要跟“钱”有关的事儿，都是Finance。

显然，这属于极宽的口径。比我们宽口径的金融概念要大得多，根本无可比拟。在洋人的极宽口径中，不仅包括我们宽口径的金融，还包括国家财政、公司理财的个人货币收支。而财政、财务和个人收支，在我们这里是明确不能算作金融一部分的。

在我与外国人的接触中，发现这种对Finance极宽的用法随时随处可见。

（2）20世纪后半叶出现了商学院金融学的Finance概念。当时那一版的《新帕尔格雷夫经济学大辞典》（Palgrave），对Finance的解释是：“The primary focus of finance is the working of the capital market and the supply and the pricing of capital assets”。译成中文是“金融学最主要的研究对象是金融市场的运行机制，以及资本资产的供给和价格确定”。这是一种极窄的，但在国外学界却是很常用的口径。

（3）在极宽口径与极窄口径之间，Finance还有许许多多中间口径，其中有的与中国宽口径的“金融”相当。

于是，我画了一个图：

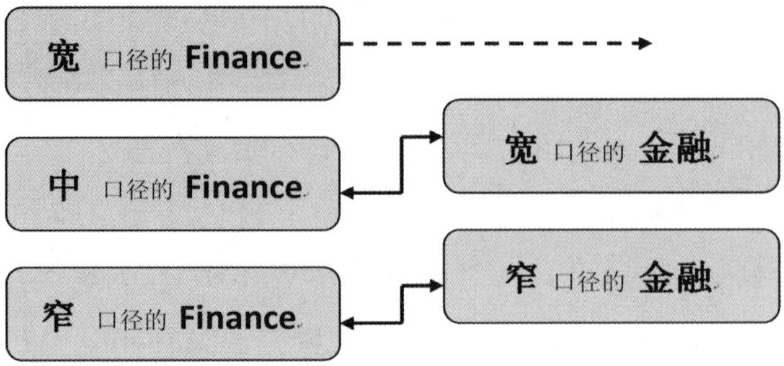

不同口径的“Finance”与“金融”的对应关系图

从图中可以直观看出，要强求确定“金融”与“Finance”的一一对应关系，事实上是做不到的。而且更重要的是，在西方，极其强势的商学院金融学的Finance概念并没有否定“宽口径Finance”和“中口径Finance”的存在。当时有的教师以访问学者身份出国，问及国外同行，人家反映：没有听说过货币银行学要取消的问题。为什么到了中国，对“宽口径的金融”，对并不会阻挡商学院金融学在中国发展的货币银行学就那么不能容忍呢？

问题如何处理？

从19世纪以来，我们是一个引进先进文明的国度。既要引进，又有悠久而深刻的文化传统，所以在概念、范畴方面如何通过翻译沟通中外，就存在极大的理论问题。实践中，使译文和原文很难保持一一对应的关系。中文词语“金融”与英文单词“Finance”就是存在着这种始终难以全然对应状况的典型例证。显然，我们不能为了对应而要求外国人按中国人使用“金融”的口径使用“Finance”；同样，我们也同样无法叫中国人完全按外国人对“Finance”的理解来使用

“金融”概念。

如何解决？唯一的选择只能是“和平共处”。既然并存着不同用法是客观事实，难以存此废彼，难以定于一尊，那就必须相互理解、相互尊重不同的用法。其实在西方，对“Finance”的不同界定，早就是共同存在的。

再谈谈行动过程。

2000年7月，在教育部高教司举办的“‘中央银行学’课程中青年骨干教师培训班”上，我作了题为“金融学学科建设的若干问题”的演讲，这次演讲是我开始在学界厘清对于这个问题应持怎样思路的起点。

随后，我走访了中南、华南、华东以及西北多所兄弟院校的金融专业同行。那时，由于商学院金融学的金融概念处于非常强势的地位，几乎所有金融专业都有如何确定方向的困惑。大体有两种意见：一种意见是多年从事金融教育的人士，认为“金融”专业沿着原来的路，即兼顾培养传统金融人才和培养资本市场人才这两个方向走；不同的意见是强调应走国外商学院的路，只培养现代金融管理人才。在讨论金融学科教材建设时，一种意见是，应编写货币银行学和商学院的金融学；另一种意见是，主教材应是商学院的金融学。商学院的金融学要打倒货币银行学本来就匪夷所思，讲货币银行学的竟然有人要缴械投降也确实使人后怕。对我来说，总觉得有一点不是滋味，就是对于问题的解决，实际是要中国讲货币银行学的教师，自己挺直脊背，建立信心。

不过，通过深入交流，冷静分析，大家对问题的来龙去脉有了清醒的认识，争论悄然地偃旗息鼓了。2001年5月，我在西安交通大学作了题为“金融、金融学及其学科建设”的讲演，我自己把这次讲演视为这一阶段思考的结束，也可以说是自己完成了重整货币银行学学科建设的答卷。

现在，回想起来也有些好笑。突然遭遇敌情，仓促上阵，自任主帅，打了一场保卫货币银行学的圣战。然而，本非真正科学意义的对立却搅浑了一池春水，也实在令人有些尴尬。

专门讨论这个问题的几篇文章，与前前后后的一些有关金融方面的论述，集为《金融——词义、学科、形势、方法及其他》，2001年由中国金融出版社出版。

三 全力编著《货币银行学》的第三版——《金融学》

20世纪末，我们学院以及系的教师认为，为了迎接21世纪，《货币银行学》应该出第三版。2000年4月，中国人民大学财政金融学院在北京九华山庄组织了一次“跨入21世纪的金融学科建设”研讨会，邀请的主要是中年金融教学骨干。大家达成一个共识：面对21世纪，金融学科的建设必须跨上一个新的台阶。会后，学院决定由我主持，把20世纪90年代的那本《货币银行学》升级换代。

可能就在这时，我了解到《货币银行学》陷入前途未卜的险境，于是放下一切工作，先迎接这场战斗。不过，在切磋琢磨之中，却也提高了对金融覆盖范围、金融学科体系设计和金融专业办学方向等问题的认识。同时也逐渐形成了写作《货币银行学》第三版的出发点和框架思路。

关于出发点：给大学本科金融学专业提供一本能够反映我国和世界经济、金融形势迅速发展和理论前沿的基础理论课教材；同时也给校外自学读者提供一本能够概略展示金融理论殿堂全貌的读物。

关于框架思路：

（1）基础理论篇，讲货币、信用、金融、利息和利率、外汇和汇率；其加上“金融”一章，无疑是与这次货币银行学的“危机”有关。

（2）专设金融市场和金融中介篇。在这一部分浓缩地吸收了商学院金融学的精华。在过去的货币银行学里，有关内容只有一小节，现在要设立专门的独立的一章——“金融市场机制理论”。对于这方面的内容，我概括为“金融的微观分析”。

（3）宏观均衡篇，这是过去货币银行学里的强势内容，有关内容并入一篇，力求提高。对于这方面的内容，我概括为“金融的宏观分析”，与微观分析相对应。

（4）设“现代货币的创造机制”一章，作为金融微观分析与金融宏观分析之间的转换、连接环节。

（5）金融监管以及一些必须讲到的问题。

这里采用微观分析与宏观分析来概括金融学科的两个重要构成部分，一是金融领域确确实实存在着“宏观”和“微观”两个方面。二是当时常有“金融学就是微观管理学科”的提法，应予澄清——金融学科中原来有一大块“宏观管理”内容，是精华，不仅不能放弃，而且要提高。有人说，经济学里有宏观分析，不必在货币银行学里重复。其实，货币银行学里讲的宏观分析比经济学里讲的宏观分析，在内容上要多得多。

后来有这样的说法：明确有关金融的学问包括微观分析与宏观分析两部分，是由我概括出来的。不过，当时多有“宏观金融”和“微观金融”的提法，“发明权”属谁恐怕不好确定。

2001年8月开始编写，2003年8月出版。有的章节完全是初创，其中某些章节应属提供者的研究成果；有的虽是就原来《货币银行学》的底稿改写，但也有较大改动。

参加编写的有中国人民大学的沈伟基、李焰、赵锡军、瞿强、庞红、宋玮；有关资本市场的无套利均衡与风险中性定价的部分是专门邀请对于这个问题有自己见解的宋逢明教授编写的；有关对外均衡的部分是请黄金老同志编写的；总供需均衡分析与“超额”货币问题吸收了刘成、郭浩两位博士论文的有关内容；经济学中一个古老的论题“货币是否是中性的”是专门邀请王传纶王老动笔，作为本书的煞尾。在定稿的全过程中，沈伟基教授在攻读博士学位的兄弟院校教师张慧莲、陈涛、蔡如海的协助下，进行了通读，检查是否重复脱节以及补充遗漏，补充数字资料和图表，并对全书仔细地进行了校对。

在这期间，我既无行政兼职，也无需要支出精力的社会兼职，作为一名教师，可以倾注全力从事这本教材的主编工作。

按照过去的经验，主编的任务是确定目标，确定指导思想，确定章节框架，确定参与写作的人士，尔后是统编定稿。而这本教材，从逻辑上说，在统编定稿之前，还有一项任务是弄懂全书的所有内容。以前编写的几本教材，应该说是对已经掌握的内容进行整理、提炼，即使有些尚未掌握的部分，可以研究补充，也可暂时搁置，不会影响大局。而这本教材，至少对我来说，却有相当部分，或是从未涉猎，或是模模糊糊，实为未懂。如关于金融微观分析的相当部分，如关于金融宏观分析里的新扩展，等等。对于这类问题，首先是学习，是弄懂，然后是剖析并把握其精华所在，然后是思考如何简练地、深入浅出地加以表述并镶嵌在教材之中。应该说，这用了大量精力，但也为古稀之年能够再次更为全面深入地纵览金融理论殿堂而欣慰。如果不能弄懂全书的内容，那如何有资格谈论统编定稿呢?

至于要做到把大家写的稿子变成一本书，而不是停留在归拢成一本“文集”，这是“统编定稿”的任务。为此，要把不同的文体加以适当调整，做到前后文气大体一致；这要使观点前后呼应，消除冲突，这要增简删繁，避免重复脱节，必要时要把内容在章节之间调整，等等。在编写《社会主义财政金融问题》一书时，在我们系里，就明确必须给主编对来稿有径自修改的权利。这样的原则实有必要，但却加大了主编的责任，说得夸大点，那就是主编必须对全书字斟句酌，不许偷巧。甚至对章节目录、名词术语的中英文对照也得自己动手。

可能是由于我能全身心地投入，在我主编的几部教材中，这部教材是最快完稿的。

完稿之后，我所在的单位一致主张将本书定名为《金融学》，译名定为*The Economics of Money and Finance*。关于是否标明为《货币银行学（第三版）》有分歧。当时，不标的意见占上风。后来，《金融学（第二版）》出版，为了表明确实与货币银行学存在着承续关系，随后又标明为《货币银行学（第四版）》。也就是说，《金融学》第一版，还是应视为《货币银行学》的第三版。

由于多方面的内容不能不加以考虑，《金融学》（第一版）成书字数超百万字，于是编写“精编版”，于2004年9月出版。

同年10月，出版了由沈伟基教授组织教师写出的学习指导书。2005年元月完成全书讲授用的幻灯片。2006年年底，由向东同志完成精编版的动画幻灯片。至此，给这个《金融学》版本一整套的出版环节画上了句号。

《金融学》的第二版，由沈伟基教授主持修订。2005年启动，2008年夏完稿，2009年年初出版。2008年夏交稿时，出版社提出，多方用户反映，原来59万字的精编版仍嫌篇幅过大，希望压缩1/3。由于更动过大，旁人不愿接受任务。我只好自己动手。高强度突击三周，于9月上旬交稿。篇幅压缩至43.9万字，与修订版同时出版。

在开始第二版的编写时，就提出第三版由谁主持修订的问题。因为主持修订第二版的沈伟基教授也将退休，假如无人接替，《金融学》的生命即将中止。这时，大家的眼光集中于张杰教授。张杰教授是2002年调来中国人民大学货币金融专业的，有学识，笔头硬，从事货币银行学教学多年，知道中国货币银行学的根底和发展脉络，的确为理想人选。他来中国人民大学之初，任务颇杂，实打实地用中国人民大学的这本《金融学》教材正规给本科生讲课是2005年。讲课后，在一次交谈中，他说，直到讲课，才认认真真通读了这本教材，总的印象，这部《金融学》是讲“中国的故事”。

他的这个说法，于我心有戚戚焉。这门学科的国内教材，与国外教材比，在大的轮廓上不存在多大差别。如果说有区别，那就是能否结合国情。这本《金融学》在结合国情方面，我自己认为是经得起敲打的。张杰教授能领会它在讲中国的故事，说明把握了这部教材的精神。这使我感觉到，由他接过修订的任务，一定会把我们坚持的要编出中国人在中国大学的讲台上，向中国学生传授货币银行学所需教材的传统继承发扬光大。

现在《金融学》已经出了第三版（2012年版）、第四版（2017年版）。如果说第三版的修订时，有时还和张杰教授交换一些意见，到第四版的修订时，已经彻底由张杰教授主持了。

在第二版出版的2009年前后，在金融海啸不期袭来和G20格局出现的局面下，曾想在《金融学》之外，考虑调整一下讲法，再设计一个传授货币银行学的框架。当时也写了“设想提纲”，但未能实现。

四　说明一个更深刻的理论背景：银行是否已经没有前途

上面从《货币银行学》前途未卜讲到《金融学》的出版，其间还有一个深刻的理论问题需要注上一笔。

在2000年前后，理论界传说着一个论点，那就是现代的银行已经没有前途了！这倒不是中国创出的，也不是来自归国留学生，而是源于西方理论界。曾经听人说，比尔·盖茨认为银行是现代的恐龙，我没有在意。记不起是哪一天在中国人民银行五道口研究生部讲课，有同学问：是不是学“投资”（指围绕证券市场的学问）有前途，学“银行”没前途？在这前后，有人告诉我：主张“功能金融”并出版有*Finance*的美国著名学者兹维·博迪，在接受中文译本出版者的采访时有个提法：必须抛弃银行。

银行必须抛弃，这的确是根本性的大理论问题。因此，我写了《从银行不被看好谈起》并于2000年12月12日在招商银行总行做了讲演。不过，我的论战文章走的是偏锋：我是从分析现代货币制度（这是一种以现代银行制度为依据的货币制度）入手，提问：假设经济生活中的支付不必通过货币，或者假设可以给经济生活提供一种更理想的手段代替现行的货币，那么创造货币的银行就不需要了？反之，如果假设不能成立，银行还能抛弃吗？应该说，商学院的金融学回答不了这些问题，这是他们的短板。

银行，这是金融中介。论证金融中介不再需要的基本论据是有效市场假说。对于这方面的讨论以前听人谈论过，不得不弄清来龙去脉，是在正式开始《金融学》教材的写作之后。这个课题在中国人民大学货币金融系内也是研究重点。其中，瞿强教授相继发表了几篇文章。吸收瞿强教授研究的成果，我把对这个问题的理解，概括整理成为《金融学》（第一版）的第十一章“金融体系格局——市场与中介相互关系”。基本观点是：中介与市场必然并存，不会一方否定另一方。

银行要是没有了前途，货币银行学更无存身之地了。不过吹来的这阵风学理气味过浓，倒不像货币银行学有没有资格算作金融学那样搅得人心惶惶。然而，终归也曾有些影响，记上一笔也有必要。

五 货币银行学百年史

现在还是看看有关货币银行学学科建设的进程。

2010年写的《结缘货币银行学六十年》，有这样一段：完成了《金融学》，也就是《货币银行学（第三版）》的编写，那还将为这门学科的建设做些什么？年逾八旬，无论如何早就应该让出冲锋陷阵的位置了。不过，有许多应该做的事情，是处于冲锋陷阵的位置时想做而无法分身去做的。如果健康允许，做一些这样的事情，也是对冲锋陷阵同仁们的支持。

2001年6月，我（中间）与中国人民大学财政金融学院2001届毕业生在一起

我在20世纪80—90年代编写第一本《货币银行学》教材的时候，就觉得讲授了许多年的课，却对学科的发展史缺乏必要的了解，不能不说有些遗憾。进入21世纪，中国人民大学财政金融学院，支持我们几位老教师提出研究财政学、货币银行学发展史的建议，由当时的副院长何平教授组织了几位硕士研究生开始资料的搜集工作：①确定在几所图书馆查阅20世纪50年代以前由中国人编写和翻译的有关教材和专著；②对查到的有关书籍，翻拍封面、版权页、序文、前言和目录等几项。工作不深奥，但工作量很大。2007年，提交了资料搜集的光盘。其中，属于货币银行学、货币学、银行学范围内的，我边看边整理，共148本。和我过去接触这类书籍的印象比对，似乎遗漏了几本，但不多，不影响观测全局。与之同时，还请我们系在美国进修的宋玮教授在美国的

图书馆查阅英文的图书。她精选了从19世纪末到20世纪上半叶有关货币银行学的重要著述10本，翻拍了序文和目录等内容。阅读这些在国内外搜集到的材料，每时每刻均有知自己之所不知，悟自己之所未悟，收获极大。2007年年底，依据这些资料，我整理出了《回顾1950年之前“货币银行学”学科的发展》（初稿）。概括起来有以下几点：

（1）原来货币银行学的历史，不过一百年出头。

自己从1950年开始讲货币银行学，只知道这门学问是大学里的一门古老的课程，但“古老”到什么程度说不清楚。虽然这次没有找到世界上第一本货币银行学的教材，但可推断，大体不出19世纪和20世纪之交的几年之间。

（2）货币学、银行学是货币银行学的两个源头。

货币学早就是大学的一门课程。它是从经济学里独立出来的，主要内容有二：其一是讨论货币的性质和货币价值的决定；其二是讨论建立能够稳定币值的理想币制，这包括本位制的选择和银行券的管理等。货币学属于理论课，其理论性与经济学处于同一档次。

在19世纪和20世纪之交的银行学，属于经营管理的实务课。19世纪末的银行已经极为强大，必然有对经营理念的论证和对经营管理准则的总结。“银行学”走上高等院校的讲坛也属自然。

货币学研究货币，银行学研究经营货币的中介，都在大学里讲授。就搜集的材料看，由一个人讲授两门课的现象并不罕见，这必然会产生把两门课并在一起的冲动。于是，在讲坛上，“Money and Banking”也就是“货币银行学”产生了。

20世纪初，留学海外的学子大多是分别学的货币学和银行学，其中不少人回国后还是分别讲授货币学和银行学，并编写两门课的教材。但他们也同时传达了两门课合并为货币银行学的信息。不久，有了中国人编写的货币银行学。

（3）第一次跃进——宏观经济分析入主货币银行学。

刚刚产生的货币银行学，多是第一编或上篇论货币，第二编或下篇论银行，合并的痕迹十分明显。

两部分有机结合，形成于20世纪二三十年代，那是西方现代经济学宏观经济分析形成、发展之际。这时的中外教材，对货币问题的讨论，更着重从货币角度研究整个社会经济的宏观均衡问题。对银行问题的讨论，则已不是单纯地做业务、运营及制度的具体介绍，而是开始联系货币问题，进行“学理”性的探讨。于是，货币银行学已从开始时两门课的简单相加发展到融为一体。作者为Raymond P. Kent的*Money and Banking*和作者为Albert Gailord Hart的*Money, Debt and Economic Activity*等，应属20世纪中期标准的《货币银行学》教材。

（4）在这中间，中央银行学的建立有重要意义。

在我一开始讲货币银行学的时候，中央银行问题在苏联的相关教材里也占有专门一章，但不讲宏观分析。从搜集的材料看，在西方，独立的有关中央银行的著述，最早的一本是1928年出版，由C. H. Kisch和W. A. Elkin共著的*Central Banking*（《中央银行论》）。对中央银行的独立研究，反映着中央银行被赋予宏观调控使命的客观要求。

货币银行学吸收了中央银行理论的成果，提高了宏观金融分析的水平。

（5）当年，海外学成归来的学子，对货币银行学的引进和建设，功不可没。

其一，货币学、银行学、货币银行学的引进，基本靠的是游学海外的学子。他们带回了有关的知名原著，开出了新的课程；他们及时翻译出知名原著，使之被推广、流传。而且引进的速度值得称道。从20世纪20年代起，国外有关金融学科的新进展，往往不过两三年，就会出现在国内大学的讲台之上。

其二，他们自己编写了好多本教科书。自己编教材，无疑是为了有利于结合中国国情。马寅初在为中国人写的最早一本《货币银行学》作序时，就写过这样的话："各大学虽有货币银行学之学程，然所采用之教本类皆欧美书籍，每觉详略失当，不切国情；是故教本之编著，实为急需……"

考察中国人自己编写的教材，就成书数量来看，银行学最多，质量参差不齐；货币学次之，其中有质量颇高的著述；"货币银行学"，其中包括《金融学》《币制与银行》等书名，共有六部，均有相当水平。

其三，重视中国实际的研究并很有建树。他们以国外教材为蓝本编写教材时，在介绍西方理论时，也都有多少不等的部分讲述中国实际。有些学人的著述，更是直接面对中国的实际，运用西方的理论系统加以剖析。如马寅初1929年的《中华银行论》和1944年的《通货新论》，如杨荫溥1931年的《杨著中国金融论》，都是全书始终都在讲中国的实际，而寓原理于讲述中国实际之中。

了解到这样的情况，深深感到在1950年我们刚刚进入金融的教学研究领域之际，没能正视这些前辈的成果，实在是极大的损失。

回顾了1950年之前的50年，自然会推动我们再认识1950年之后货币银行学这门学科在我国的发展历程。后50年起点的1950年，我们戛然而止地切断了对西方货币银行学的引进，要求全面照搬苏联的货币银行学：①一批像我这样对货币银行学几乎一无所知的青年，成为中国讲台上“趸售”苏联货币银行学的主力。②原来引进西方货币银行学并联系中国实际讲授的教师，当时被我们这一辈人尊称为“老先生”的，同样要求讲授苏联的货币银行学。并且在当时的条件下，他们也断绝了跟踪西方货币银行学发展的途径。

那时，我们讲授的苏联的货币银行学，其基本框架实际是西方货币银行学初创时的框架。

而对于宏观经济分析入主货币银行学的第一次跃进，他们只是粗暴地批判。但是，由于在计划经济中宏观均衡问题也是客观存在，所以我们自己研究出了“三平”理论和财政信贷综合平衡分析框架。同时，“老先生”也有宏观分析的功底。所以，在改革开放之初引进宏观经济分析已经入主了的货币银行学时，在衔接上没有遇到困难。

然而，当我们致力于与20世纪80年代的西方货币银行学衔接之际，却忽视了金融的微观分析，也即商学院现代金融学的迅速发展，以及其成果进入货币银行学。

有关微观金融的课程，大多初创于19世纪晚期到20世纪早期。那时，这些课程与银行学一样，都属于实务课。

到了20世纪50年代，现代微观金融分析的基础理论取得决定性的进展。有了基础理论的支撑，公司理财、投资学、银行学、证券市场学等，从简单的实务方法介绍提升为具有理论体系的学科。金融衍生工具、风险管理、金融工程等新的课程相继开设。进入20世纪80年代，在这些分支学科之上，建立了总揽微观金融分析的“金融经济学”（The Financial Economics）。微观经济分析发展了庞大的课程体系。

突飞猛进的发展不能不强烈触动货币银行学。以米什金的《货币银行金融市场学》为代表，反映了货币银行学第二次跨越，扩大了对资本市场的讲述并把现代金融学的最核心的基础理论成就纳入自己的学科之中。

问题是，现代微观金融分析的发端和发展，正是在1950年之后，所以对于这样的学科内容我们基本不了解。而且我们的计划经济里没有资本市场，所以自己也憋不出微观金融分析。20世纪50年代初回国的“老先生”（更不要说以前回国的“老先生”了），也还没有看到微观金融分析的大发展，因而改革开放之初，国内对已经成为显学的商学院金融学处于反应非常迟钝的状态。

我主编的1992年版的《货币银行学》，对资本市场的讲述，也只是引进了金融资产组合的一些浅近的内容。

在20世纪前50年，我们引进货币银行学，靠的是游学海外的学子。而在改革开放之初，留学生是有去难回。直到20世纪90年代中期之后，留学生有去难回的状况才开始得到改善。这时，国内对微观金融分析尚处于懵懂状态，而在异域学习生活了十多年的学子却希望把现代金融学立即植入祖国的环境之中，发生碰撞难以避免。

然而，正是这样的碰撞，推动了我们国内货币银行学与实现了第二次跨越的西方货币银行学的衔接。但这已经是在进入21世纪的时候了。对于这种状况，只能说，亡羊补牢，犹未为晚。

也不过是一百年，货币银行学经历了三个发展阶段：①学科建立；②第一次跨越——发展宏观金融分析；③第二次跨越——引进微观金融分析的精华。非常有意思的是，相对于创始阶段、第一次跨越和第二次跨越，货币银行学有三个代表性的名字：Money and Banking；The Economics of Money and Banking；The Economics of Money, Banking and Financial Markets。

2008年秋季开学，我为中国人民大学财政金融学院的本科同学讲授《货币银行学·导论》

在整理出《回顾1950年之前“货币银行学”学科的发展（初稿）》一文之后，2008年秋季学期开学之际，财政金融学院安排我为本科同学讲一讲《货币银行学·导论》。我讲了《讲在课程的开头——〈货币银行学〉百年》。同学们在进入一门新的学科的开始，就能概括地了解学科演进的概貌，让我觉得非常兴奋。

也就是过了不久，我产生了把过程凝结为框图的冲动。大约是在2008年9月底，在《金融学科建设是否面临攀升一步的转折点》一文里画了第一张框图。随后，陆续在大小会议上，以幻灯片演示的形式加以改进。2009年4月17日，中国人民大学财政金融学院召开 “创世界一流财政金融学院”的教职工大会，让我讲讲有关金融学科建设的思考。我的发言实际是以框图形式报告我对货币银行学“百年发展”的理解和总结。具体凝结为以下两个图表，它们可以说是凝练了货币银行学百年史的全景。其中英文的这张图，是便于学科名称的中外对照，以排除由于译名上可能产生的误会。

在这之后，我对于货币银行学的确没有精力进行系统探

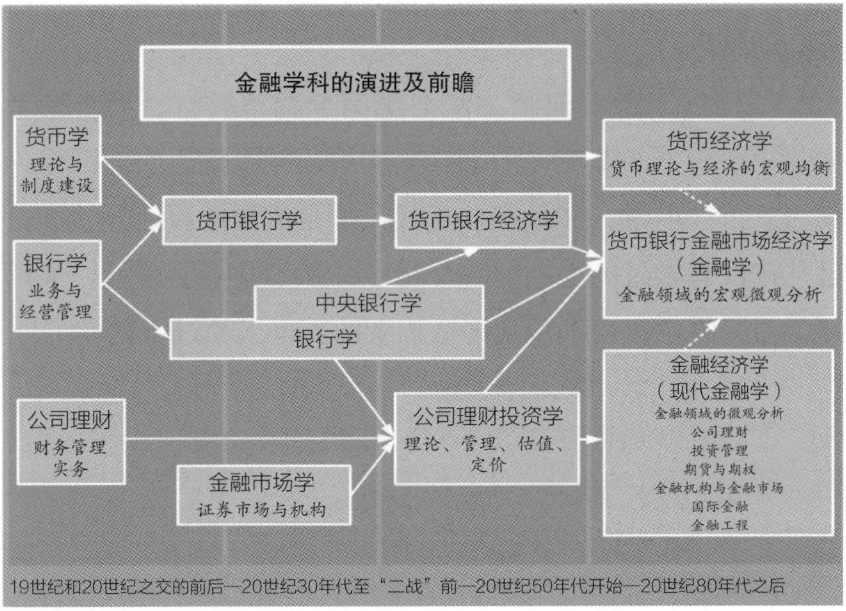

19世纪和20世纪之交的前后到20世纪80年代之后金融学科的演进及前瞻

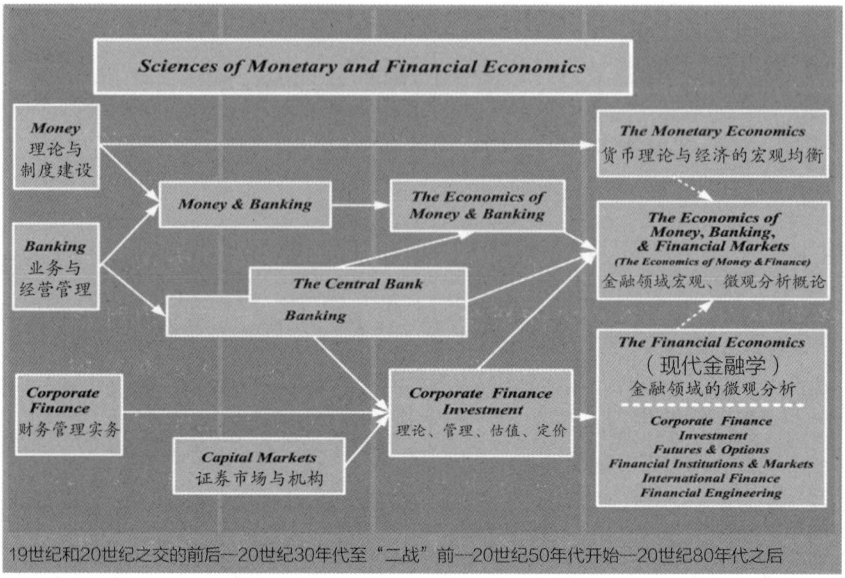

19世纪和20世纪之交的前后至20世纪80年代后金融学科的演进及前瞻（英文版）

索了。所以这两张图也可以视为我对货币银行学这门学科研究的句断。

回忆这十年，前半是倾力主编金融学教材，后半是考察货币银行学的源流，而无论是主编还是考察，实际都是再学习。再往前说，20世纪50年代，那是懵懵懂懂地开始学自己从来没有学过的学问。一个甲子，从“学习”开篇，又以“学习”收尾，也不禁觉得造物者的安排未免过于精妙了！

陆

放不下的心愿

2010年之后，即使对货币金融学科还有些思考，但也不过是零零星星的、不成系统的。总的来说，的的确确是日益淡出专业领域了。只是有一条，却怎么也放不下来，那就是，在货币金融学科的建设中，东方文化精髓怎么能够发挥它应有的作用。

2015年2月21日，弟子与我（二排右二）共度90岁寿辰

当然，首先是东方文化的精髓有没有资格指导货币金融学科的建设?

在改革开放之初，那是三十多年前，有蓝色文明和黄色文明孰优孰劣的论辩。大体的意思是，西欧的蓝色文明是海洋文明，是开放进取的文明，中国的黄色文明是内陆文明，是封闭保守的文明；中古之前，两者交往有一定限度，各自有独立发展的空间，而当两者不断直接碰撞时，蓝色文明显示其优越性，战胜了黄色文明。也许概括得不够准确，但蓝色文明从骨子里就比黄色文明优越的意思则是明白无误的。

我不赞成挑起这样的争论，也没有参加这样的争论。的确，随着现代资本主义的崛起，东方文明曾一度被西方文明打得匍匐在地，毫无还手之力。在这一回合中，的确是先进战胜了落后，没得可说。不过，作为东方文明主体的中华民族，总会觉醒，总会使自己的潜力重新迸发，重现辉煌。

这次论辩很快中止。但是在我的内心中，它一直是个排除不掉的疙瘩——在我们这里，为什么对自己有着几千年文化传统的民族这样地失去信心。每想到这里，总有一股说不出来的酸楚。

不过，那时，我还没有把文明的争论与货币金融学科联系起来。是何时把自己的专业与文化传统问题联系起来，也记不清了。有一段时间，常常想到货币金融学科的建设应该有哲学思想的指导。记得1997年暮春游武夷山，为中国人民银行武夷山支行题词："武夷之胜，贵乎自然；金融之极，亦蕴乎有为无为之间。"也就是这年冬天，我为中国人民银行上海书画展题词两幅，其中的一幅是："瑕瑜不掩，泰否共生；有为无为，大千之道。金融、金融，难尽其数；宏窥全局，呼唤哲理。"对于哲学断断续续的思索，自然引起对中华文化传统的思考，引起中华文化传统对于货币金融学科建设怎样起作用这样问题的思考。

可能是经过21世纪十年的酝酿，逐渐对东西方文化的比较有了一些自己的看法。2010年6月，我在"中国人民大学实施中美经济学教育交流项目25周年纪念大会"上，以原中美经济学教育交流委员会主席身份发言，题目是《学习西方现代经济学与我们的悠久文化传统》。其中总结了这么一段：

东西方的文化交流，渊源久远。中世纪之后，西方现代文明的兴起和中国的故步自封，导致了19世纪开始的“西学东渐”过程。20世纪70年代末的改革开放，则标志着“西学东渐”过程新一轮的开始。本来这是不同文明之间的落差所造成的必然过程，如水流之趋下，不可阻挡。然而，这个过程从开始到今天的一百多年间，一直存在着时而激烈直至你死我活的政争，时而表面舒缓但也有暗流涌动的论辩。恐怕根源在于：这涉及两种文化、两种语言、两个概念系统的交锋与渗透。处于一个地球之上，两种文化必须衔接、融会，也能衔接、融会，但至少在“大同世”到来之前，看来又不能彻底衔接、融会。这就不能不产生种种冲突和摩擦。

我的领悟是：中国几千年的文化传统，有时表现为排斥外来事物的冲动，但更本质的是它的勇于汲取外来事物的精华来改造自己、充实自己的品德；中国几千年的文化传统有时也表现出怯懦、自卑的一面——人家的就是比自己的好，但更本质的是它的自信、自尊，相信自己有潜能、有百折不挠的韧性，克服落后，赶上先进。把旁人的长处与自己的长处结合、融会，再塑自己的青春，是否更是我们文化传统的实质和凝聚中华民族的力量所在！

同时，在《结缘货币银行学六十年》里，提出了关于货币金融学科建设与东西方文化传统之间的关系问题。

这里，实际还提出了这样的一个问题：……在货币银行学的学理部分中，有的只是西方所创建的原理，中国人在学理的创建中能有何作为？

这是一个思辨性极强的论题：在理论建设上，我们已经有和将来可能有什么独树一帜的作为？在古代，中国文化与西方文化相对独立发展，中国在经济思想上的建树，辉映历史，无可怀疑。问题是现代资本主义在西方发展起来并相应地建立了西方经济学体系，而闭关锁国的门户被打破的中国，完全处于引进、效仿的地位。这时可以讨论的只是必须全盘照搬还是应该消化吸收，至于学理的创建，自然没有条件谈论。然而时异世迁，经过百年，虽然全盘照搬和消化吸收之争依然存在，但在学理的创建上，绝不是依然毫无可能。比如，一个有几千年文明积淀的民族，对于东渐的西学不会总是囫囵吞咽，照说照做。随着过程的推进，必然会以自己的传统智慧审视之，剖析之，并赋予自己的理解和阐释。再如，一个疆域广大、人口众多的国度，就是在效仿的过程中也会在生活实践中提出在“老师”那里没有现成答案的问题，需要自己思考解决的原则和途径。如此等等，则必然会在学理的创建上有所贡献。总之，中国人，在中国土地上，对于经济学原理，包括货币银行学的原理的创建，总会有其应有的地位的。20年前做这样的思考难免空泛之讥，而今天，特别是在这次世界经济危机之后，认同的看法恐怕是极大地增强了。

不久，中南财经政法大学的周骏教授获刘鸿儒金融教育基金会“中国金融学科终身成就奖”。在2012年4月的授奖会上，我做了题为《在世界金融学科的发展中作出具有中国神韵的贡献》的贺词。

20世纪前半叶，留学海外的学人，在中国建设现代金融体系的大背景之下，从西方系统地引进了现代的金融理论和实务，搭建了现代的金融学科。从50年代开始，由于国际政治版图的大震荡，我们，包括周骏教授在内，成为引进马克思主义金融学科——应该说是苏联诠释版本的马克思主义金融学科——的一代教学研究力量。我们曾照本宣科，但面对生活实际，我们攻读马克思和西方经典作家的原著并从中国实践中汲取营养，在极为不利的学术环境里不懈地探索金融学科的科学真谛。改革开放，重新与国际接轨，对于在中国建设充分反映当代进展的金融学科，我们这一代人已经只能起铺垫作用，而主力则归属新的中青年一代的金融学界。去年，我曾这样估价：现在，“引进”的瓶颈已经突破，中国的金融学科建设必将为世界金融学科的建设做出自己的贡献。

可是，中国的金融学界会作出什么样子的贡献？在引进为主的条件下，以西方治学的思路为思路进行钻研、探索是必然的路径。毫无疑问，这需要睿智和勤奋；特别是结合中国实际的研究，既是中国本身金融改革、发展之所必要，也有利于世界了解中国，了解中国金融问题的真实。不过，想来想去，好像这只是“临摹”。“临摹”可以达到乱真境界，可是终归是步人家的后尘。前几年，我提出，最需要的是在东西方两个文化平台上，可以无障碍地自由往返、自由漫游的人才。这是出于培育“世界性”人才的考量，是必要的。但仅仅如此要求，结果很可能是思维逻辑处处脱不出人家的窠臼。

假如说东方的文明注定落后于西方的文明，那么除了以西方治学的思路为思路进行学科建设之外就不要多想了；如果这个假设是有条件的，那就应该做深入的思考。对于东西方文明的比较，自19世纪晚期以来，直到改革开放，跌宕起伏，争论极为激烈。近年来，好像冷静的、深沉的思考氛围逐渐增强。其中，如任继愈、季羡林两位老先生都讲过这个问题。他们认为，东西方文化有根本的差别，思维方式有明显的不同：东方的思维方式特点是综合；西方的思维方式特点是分析。综合的思维曾创造了中国古代的灿烂文明，而文艺复兴，则是分析的思维创造了现代的文明并使中国的传统文明失色、落伍。当今，像是进入分析思维必须向综合思维升华的转折点。如果能够充分肯定并吸收分析思维的精粹，综合思维将会再度辉煌。自己由于多年视野狭窄，不太能理解这些老先生极具哲理性的剖析。但生于斯、长于斯，即将终老于斯，一辈子的民族文化熏陶也多多少少领悟到，中华民族确有自己的短处，不应回避；但也确有其所长，不应妄自菲薄。一个最简单的例子：“摸着石头过河”这个土得不能再土的提法，却在三十多年间引导中华振兴，引导中国走到今天的地步。岂不是应该考虑考虑中国人的骨子里头的确有必须传承的思维精粹吗?

有几千年文明传统的中华民族，其思维方式由于停滞、自负而遭受重创之后，无疑会汲取教训并在一个新的高度上重新认识、重新把握、重新发扬自己的长处。在这样的基础之上，中国的金融学人，在熟悉西方治学精神并不断自觉地领悟中华民族传统文化精髓的基础上，那必将对世界金融学科的发展作出具有中国特点、中国风格、中国神韵的贡献。也许在一个相当长的时间内我们还创建不出来有中国神韵的金融学科，但如果没有自觉的期望，那就永远不会有所建树。世界上有这个学派，那个学派，为什么不能有中国学派？肯定会有这么一天到来。那时，刘鸿儒金融教育基金会恐怕就有必要设一个金融学科建设的中国神韵奖。

后来，我也曾多次讲到这个问题，但基本是复述上述的观点。

这是我放不下的想法，但从开始提出时，已经清楚认识到，对其实现，我自己是难以有所作为了。只是呼吁，而难以有所作为，不免有些苍凉之感。特别是想到，自己认为必然会实现却不能亲眼看到它实现的时候更是如此。

近些年来，在习近平新时代中国特色社会主义思想的引领下，东方文明、中华文明，不断闪烁着耀人的光芒，令人鼓舞，令人振奋。我相信，这个过程必将继续，必将加强。在这样的大背景之下，东方文化精髓必将进入货币金融学科的建设之中。构建人类命运共同体这个万古伟业，需要金融这个强有力的工具；而由西方文化精髓培育出来的货币金融学科必将由于东方文化精髓的注入具有更为强大的理论活力，从而指导金融发挥更为强大的作用。

脱稿于2018年9月，大病初愈。

附录

改革开放中走向市场机制的中国金融事业（节选）

改革开放中走向市场机制的中国金融

（节选）

一

金融[①]的改革开放，是中国整个经济改革开放的有机构成部分。

改革开放前，中国的经济是社会主义中央集权的计划体制。与之适应的原有金融体系，只有一家分支机构遍布全国的中国人民银行和众多规模极小的农村信用合作社；无其他银行和非银行金融机构，更无外国银行；只有银行信用而无银行外的货币市场和资本市场；利率全部官定，无市场利率；外汇实施全面管制，无外汇市场；等等。

适应建立社会主义市场经济体制的要求，金融领域的改革包括：建立以中央银行和存款货币银行（存款货币银行包括过去名之为“专业银行”的国有独资商业银行，其他商业银行和城市合作银行）两个层次的银行体系；发展如信托投资公司、企业集团财务公司、融资租赁公司和信用合作社等非银行金融机构；允许外国银行分支机构在中国经营外汇业务，有的已被允许按一定规则经营人民币业务；直接融资从

① 在中国，由汉字“金融（Jinrong）”所表示的概念，并非时时处处恒等于Finance。

无到有，国债从1983年发行，公债券之外还有金融债券、公司债券；符合《中华人民共和国公司法》要求的股份公司股票不只在中国内地，也在中国香港和国外上市；面对资本市场发展的要求，在上海和深圳先后成立了全国性的证券交易所；合法利率有允许按一定幅度上下浮动的官定利率和由供求决定的全国银行间同业拆借利率；外汇方面，取消复汇率制并于去年按国际货币基金组织第八条款的要求实行经常项下人民币的可兑换；等等。一句话，走向明确——就是建立适应市场经济体制的金融体系。

简单对比改革之初，在金融领域，巨大的、原则意义的变化显然可见。而且应该说，金融的改革开放对推进中国全面的改革开放和持续高速的经济成长显示出强大的、生动的积极作用。

但以建成市场金融体系的改革目标来衡量，进一步的改革任务仍很不轻松。要求加快改革的压力既来自国内，又来自国外。不论压力有多大，金融改革的步幅还要由正确处理改革、发展、稳定三者关系的方针所制约。

自20世纪70年代末实施改革开放方针以后不久，就不断有把金融改革作为改革突破口和以金融改革带动整体改革的议论。在一定条件下，金融改革有这样的作用，但持续超前则不成立。作为一般的理论，经济的货币面是奠基在实际过程的基础之上的，它可以起促进和阻碍的作用，但不能脱离后者。近来，这种让金融起前导作用的"理论"性议论，在国内不多见了。不过，国内外反映这样思路的要求和建议仍然颇多。不少看来颇有道理的建议和设计方案，由于没考虑相互制约的关系，往往难以实施。

二

对于中国金融改革中银行体系的不良债权和稳定性问题，国内外经济界和金融界非常关注。这个问题的确相当严重。但只要环顾世界并仔细想一想，恐怕也不应作出大厦将倾的判断。

世界各国银行几乎均存在不良债权的问题，而且大多很难搞清其确切规模。对我们的问题需要分析：达到怎样的程度才难以继续营运？如果看第二次世界大战以来世界上的大银行破产的没有几家，可以判断，在各方因素的缓冲下，银行在这方面的承载力是极强的。大银行的“靠山”事实上是国家，不发生社会大震荡，现代的大银行体系是不会瞬息之间垮下来的。不良债权不是简单的银行管理问题，在我们这里，问题的核心、关键，主要不在于银行体系本身，而在于国有经济。往往有这样的建议：立即按严格的效益准则掌握对国有企业的贷款，至于社会、政治、经济后果，那不是金融所需承担的责任。这就像医生只管治病而不管病人死活一样，如此开出的处方，假如真的实施，显然有害无益。

对于中国的国有经济，也有不少类似的处方。可是，对中国国有经济不进行全面和科学的分析，不可能理解中国的改革进程，也不可能理解中国的金融改革进程。

中国国有经济的问题由来已久，而且是全方位的。简言之，要使集中计划体制培育的企业适应市场经济环境，必须经历脱胎换骨的过程。

人们常作这样的比较：非国有经济的发展越来越快，国有经济的发展越来越慢；非国有经济的盈利越来越多，国有经济的盈利越来越少，乃至有时出现整体亏损……这的确有统计数字说明。然而，人们却较少注视在不同经济成分力量消长的过程中，正是国有经济以其强大的经济实力，成为经济改革“成本”的基本承担者。比如，税收优惠对非国有企业的发展有关键作用，但如果没有对国有企业的“不”优惠，税收优惠政策不可能实施；中外合资是一条极其正确的改革措施，但要不是国有企业把原有的“包袱”背下来，如实行“一厂两制”之类的措施，合资企业甚至难以产生；等等。特别是在没有专门社会保障系统的情况下，如果不是国有经济承担了社会保障任务，维护了社会稳定，中国经济成长的奇迹实难设想。由于承担着改革的基本成本，这又使它们摆脱困境的改革要求常常遇到重重阻力。

现在，转折的时机已经到来。近几年，创建市场经济机制的进程迅速推进，国有经济的原有运作体制与市场的矛盾日趋难以调和，就像20世纪70年代末改革之初的农村那样，已经到了再也拖不下去的地步。而非国有经济的成长使各种经济成分“公平负担”已有基础，仅由国有经济作为改革“成本”的主要承担者的这个历史阶段应该结束。

同时，还应看到，国有经济事实上也在改革的炼狱中加速寻求超脱之路并已有成就。国有经济中优势企业与劣势企业的“两极分化”就是一个突出的表现。优者越优，说明优者已经跨进市场机制的门栏；劣者更劣，意味着劣者已应淘汰，虽然淘汰依然需要有个安排过程。

上面的概要描述说明，对待改革过程中的国有企业，如果简单按国际上大家熟知的银行经营准则行事，显然不仅会使国有经济窒息，而且也全然不利于经济改革和发展的全局。并且，只要从全局出发分析，不良债权的形成并非意外。今天，由于国有经济改革曲线中的拐点已然呈现，这就意味着银行活动的经济基础开始起变化，相应地，新发生的债权质量也明显好转。当然，过去的债权还会有一部分形成不良债权，从而使不良债权数额增大。但过一阶段必将扭转。所以，对不良债权问题恐怕已经需要从一个新的视角加以讨论。

直到现在，仍不时听到有这样的说法：不立即解决不良债权，几万亿元的银行储蓄一旦挤兑如何收拾？1988年曾有过挤兑银行储蓄的事情发生。不过在现代的银行体系中，矛盾通常并非一下子爆发为挤兑。事先有所防范，可以不发生；发生了，也绝非无法“收拾”。

还可算算这样一笔账：1996年年底，国家银行各项贷款总额是47434.1亿元。[①]不良债权姑且按有些人估计的1/4计，为11858.5亿元。假设（只是假设）不分逾期贷款、呆滞贷款和呆账，全部视同呆账，用发行国债冲抵，发债额也超不过1997年预计GDP的15%。目前，国债的未清偿债务余额不到GDP的8%，加上15%，也不过是23%。在当今世界，绝非是不能承受的水平。当然，不良债权的实际化

① 中国人民银行：《中国金融展望'97》。

解，无疑，绝非如此简单：首先，途径可有多条，过程也要延续数年。再者，世界上的银行业都难以避免不良债权的困扰。所以化解不良债权的目标也不是零，而是控制在国际通常允许的界限之内。这里之所以做简单数字计算，只是想给出一个量的观念——中国的经济完全具有消化不良债权的潜力。

这绝不是说，银行可以为所欲为；更不是说，对于不良债权无须认真对待（今年中国人民银行即提出“防范化解金融风险年”的口号），而只是说应该有分析态度：把问题讲得严重一点，以起振聋发聩之效，或许是必要的；要是让一些议论把自己搞得惶惶不可终日，则于事无补。

三

中国的资本市场也受到国内外的密切关注。其中，矛盾的焦点是股票市场。

发展股票市场的要求是从两个角度提出的：发展直接融资以缓解间接融资的压力；借以推进国有经济的改革。

改革以前，储蓄向投资转化的两个集中性渠道，国家财政占绝对主导地位；金融，基本是通过银行的间接融资，与财政对比份额极小。改革之后，两者的地位发生了急剧的变化：主导地位从财政转到金融。

金融的迅猛扩张是基于经济的快速成长（以1978年为基期，到1996年，GDP年平均递增9.9%）和经济快速地货币化。1978年，国家银行和农村信用合作社的贷款合计1895.1亿元，到1996年底，金融机构各项贷款总计则达61152.8亿元[①]，年平均递增21.3%。以GDP平减指数调整，实际年递增13.3%，高于GDP的增长速度。而同期财政收入却由占GDP的31.2%下降到10.9%。用平减指数调整，年平均递增不过4.4%。大大低于GDP的增长速度。

然而，在储蓄向投资转化的机制中，代替财政成为主渠道的金融，其运作格局却日益暴露出不能适应改革的形势。改革前，是单一银行信用的间接融资。改革后，银行体系有了极大的变革，但间接融资仍占绝对主导地位。在间接融资的格局中，资金来源主要是居民的银行储蓄，资金运用的主要部分是保证国有企业的需求。国有企业从国有银行借款，就像从国家财政取得拨款一样，极难建立必须还本付息的行为准则。居民在可支配货币收入大幅度提高的情况下，本应建立资产选择风险的观念。但向国有银行储蓄，似乎风险天经地义应由国家负担。这就使国家作为债务者承担全责；作为债权人却难以行使权力——间接融资的银行信用陷于困境。本来在市场机制中，间接融资之外有直接融资。可是，在中国，由于多年取缔了资本市场，除老年人有些记忆外，中青年只知道那是“资本主义”的事情。在直接融资之中，居民对自己的投资行为负责；而融资者则必须直接面对投资者，对具体的投资者负责。这里的权利义务对等，无疑有利于资金效率的提高。因而，在间接融资矛盾日益激化的情况下，迫使人们不得不考虑，为什么不可以用间接融资和直接

① 中国人民银行：《中国金融展望'97》。

融资相配合的格局来代替单一的间接融资格局?

提出股票市场问题的另一个角度是能否借以推进国有经济的改革。早在20世纪80年代初，全国不少地方就有不规范的股票发行。理论的探讨则在20世纪80年代中间展开。应该说，从这个角度提出问题比专从融资形式提问题的角度要早。

然而，国有经济是同公有制、社会主义联系在一起的。讨论它的改革不能不涉及敏感的意识形态问题。比如，在国有经济中推行股份制的改革是否等于推行私有化，构成了十多年犹豫与争辩的内容。就是在一些公司的股票已经上市，证券交易所已经运作的条件下，论难仍未降温。可以说，在这方面的改革步履维艰。也许应该指出，其之所以在时间上有犹豫、争辩的回旋余地，在于国有经济本身所具有的强大经济实力，正是这样的实力，才使矛盾不会立刻充分暴露出来。

当市场经济体制改革显示跃进的态势，从而更烘托出国有经济的改革难以再行拖延之际，生活不会等待坐而论道。实践的探索论证了有关国有经济改革的一系列重要命题，其中也包括对运用股份形式（股份公司形式、股份合作制形式等）的明确解释。这显示，客观过程，而不是理论上的笔墨官司，对人们观念转化所具有的决定意义。

对股份制的深入认识并付诸改革实践，必然将使资本市场有巨大的发展。但它的发展进程，恐怕还会有曲折。人们期望，股份形式的推进，在改革国有经济和缓解银行信用负担过重方面应起重要作用。但期望的实现不会一蹴而就。例如，现在中国的资本市场，对投机资本所具有的吸引力显然大于对寻求有利场所进行长期投资的可能投资者的吸引力。如果不能解决好这两者的均衡，这个市场的生命力还是有问题的。至于极多的实际问题，如市场运作的规范化，如个人股、法人股和国家股，如共同投资基金等，还需做很多工作一个个地具体解决。当然，还有更深层次的问题，如上市公司有股份制之名而无股份制之实，这个市场就不可能具备健康发展的根基。

此外，与资本市场有割不断联系的期货和不断变幻出新的金融衍生工具，在中国的金融市场上也已出现多年。每次放开试验，火爆的投机炒作记录的确令人望而生畏。但要把它们排除在外，那也就谈不上资本市场完整的形成了。

四

金融领域对外开放，对中国金融事业的改革和建设，对中国经济改革和经济成长，对同毗邻国家和地区的经济交往和周边经济区的发展，对推进同世界各国和地区的国际经济合作，均极其必要。

对外开放金融领域的前提，不仅逻辑上，并且事实上，首先是把原有的金融体系和营运制度，按市场经济体制的要求，加以改造。当中国的金融业和外国的金融业在业务的运作中可以按相同的游戏规则竞争和合作，或者用我们习惯的说法，实现了国际接轨，这时，才有敞开大门的条件。当然，过程并不是机械地划分为两段，而是随本国金融系统改革的逐步推进，对外的门缝也越开越大。

金融领域的开放主要是这几个方面：准许外国银行业进入中国市场；准许外国保险业进入中国市场；对外开放资本市场等。

外国银行在中国开设代表处。截至1996年底，世界各国和地区在华的银行代表处共有288家。至于外资银行业在华营业形成规模，则是改革开放好多年以后的事。但发展很快，到去年年底，在全国二十多个城市，已开设外资银行分行 131家，外资独资银行5家，中外合资银行6家，合资、独资财务公司5家。他们的总资产达299.2亿美元，税后账面利润为1.8亿美元。[1]

随着对外经济联系的迅猛拓展，国外银行资本进入中国的过程比较自然。前几年的矛盾焦点集中在是否准许经营人民币业务上。去年以来，到今年的8月，已有9家外资银行获准在上海浦东开始从事人民币业务试点。当然也有准入的规模太小等抱怨。

国外看好中国的保险市场已非一日，迫切敲开这个市场的门户则不过5年左右。

在集中计划体制下，社会保障，没有独立的系统；商业保险，除了对外经济交往领域，也不存在。改革开放后，国内的财产险首先逐步开展。中国的保险业与外国保险业在这方面原来已有的业务交往不断增大。当财产险受到注视不久，更诱人的险种呈现在人们面前。由于国有经济在改革

① 中国人民银行：《中国金融展望 '97》，本节保险方面的数字也引自这一资料来源。

的大潮中日渐受到强大冲击，养老、失业救济和医疗的改革提上了日程。一方面是建立强制性的社会保障制度，提供基本的保障；同时确定发展人身商业保险，作为另一支柱。这后一条支柱的可行性，则在于公众可支配货币收入的大幅度提高。个人可支配货币收入的提高无疑是一个逐步渐进的过程，但人们却似乎是在不久之前的一个早晨才突然认清这一事实。一个潜力无垠并且是从未开发的保险处女地，不能不既在国内，也在国外引起保险业的极大兴趣。

1996年底，外资金融机构在华代表处中，属于保险公司的已达152家。外资和中外合资的保险公司分公司已有8家分别在上海、广州营业。然而，门缝开得太窄的抱怨，就金融领域来说，在保险业这个方面特别强烈。保险市场的份额分配是竞争中的客观必然。尤其是人身险，一旦占有份额，极难重新分配。中国的保险业是幼弱的，在人身保险方面更是一张白纸，无法与外国保险业平等竞争。中国人身保险市场外人不得入内，这落后于时代，也不利于中国保险业的成长；中国保险市场交由外人占领，无疑也不成立。在发达国家之间，环绕金融市场，特别是保险市场，也存在猛攻和固守的拉锯战。这说明问题是客观存在的。所以，适宜的均衡点非常有必要本着科学态度，实事求是地加以探讨。

资本市场，通常的理解是专指证券市场；而开放资本市场，其标志应是国际投资资本可以自由进出。用这个标准衡量，中国的资本市场尚未对外开放。至于上市股票中的B股，数量较小，有无独立发展前途也属疑问。

中国资本市场之所以没有开放，最根本的原因是证券化和证券市场远未形成有条件吸收国外投资资本的规模。中国现有的证券基本是公司债券和股票。股票则是工商企业和旅店类的第三产业。没有银行业股票。由于没有够得上规模的经营投资的金融业，可以说也还没有称得上积聚投资这类性质的证券。目前中国资本市场的发展，重点还在环绕国有经济的改造积聚产业资本。为数不少的信托投资公司处于调整过程之中，一时还看不到大发展的前景。共同投资基金这个国外人士看好在中国大有发展前途的事业，其大规模的发展尚处于呼唤阶段。没有起码规模的市场，谈开放，没有现实意义。

再有一个栅栏，就是人民币还不是完全可兑换的货币。解除外汇管制的问题，早在改革开放之初刚刚拓展外贸交往之际，国内外人士就已提出。但直到1994年，在外汇管理体制方面，才迈出决定性的一步：建立银行间的外汇市场和向汇率的市场形成机制过渡。由于经济实力增强，进出口总值增大，外国资本持续流入，外汇储备急速增多，1996年，在中国和IMF预期的时间表以前，人民币实现了经常项下的可兑换。这一改革是成功的。但人民币要成为完全可兑换的货币，还有下一个决定性步骤，即资本项下的可兑换。是否迈出、何时迈出这一步，当前尚无具体的日程表。而且要迈出这一步，不考虑1994年墨西哥金融危机和最近东南亚多种通货汇价下跌的教训则不能说是清醒的。不少国际金融领域的资深人士，甚至在实行人民币经常项下可兑换之前，就告诫在资本项目方面必须谨慎从事。只要不迈出这决定性的一步，国际移动的投资资本则缺乏大量进入的必要条件。估计，短期之内，这还不是外国要求中国开放的重点。

总体来看，国外要求中国开放金融领域的压力极其巨大；如果不在金融领域同国际接轨，中国也不可能进入国际的金融和经济舞台并成为国际金融界的具有活力的一个成员，这是一方面。另一方面则是中国经济虽然发展很快但仍处于发展阶段。从实际出发，恐怕应是解放思想，积极面对挑战和谨慎“渐进”相结合。

五

中国经济仍将有一个持续的大好形势。最根本的决定性的因素是更加坚定不移地贯彻改革路线。这就意味着远未充分开发的中国金融市场展现着灿烂绚丽的前景。这里，不仅对中国金融界，也对国际金融界，都是大展身手的广阔天地。而成功的关键，不论是中国的金融界还是外国的金融界，切忌的是急功近利，短期行为，需要的则是长期的战略考虑和安排。

说明：

这篇是“策论”性的写作。在我的许多这类性质的写作中有代表性，曾收入1999年的《黄达文集》、2007年的《黄达自选集》和《黄达文集（再续）》。

1997年8月下旬，中国教育国际交流协会和美国罗德岛大学资本市场研究中心PACAP共同在上海主办“第九届太平洋盆地国家、地区财政金融会议”。我应邀做主题发言。

在这篇发言中，除一般介绍中国的金融改革进程和中国国内必须发展资本市场的观点外，重点剖析了三个问题：①如何看待日益成为国内外议论焦点的银行不良债权。对于这个问题，一方面指出其成因主要不在于银行而在于国有经济，而国有经济的改革将为这一问题的解决提供基础；另一方面则算了一笔账：假设用发行国债冲抵不良债权，中国也具有足够的发债空间（中国有足够的发债空间，是到1999年初才成为官方部门的宣传内容）。②指出发展直接融资以缓解间接融资压力的迫切性。③从市场准入角度剖析了中国金融领域对外开放的方针只应是积极面对挑战和谨慎渐进相结合。

这篇发言颇受媒体关注，特别是后一个观点。《人民日报·内部参阅》1998年第37期全文刊载，重点关注“自我防卫”的提法。

我出版的书籍